Band 304

OutdoorHandbuch

Michael Hennemann

AF197866

Altmühltal-Panoramaweg

Altmühltal-Panoramaweg

die **OUTDOOR** Verlage

Mit uns nach draußen

Alle Informationen, schriftlich und zeichnerisch, wurden nach bestem Wissen zusammengestellt und überprüft. Sie waren korrekt zum Zeitpunkt der Recherche. Eine Garantie für den Inhalt, z.B. die immerwährende Richtigkeit von Preisen, Adressen, Telefon- und Faxnummern sowie Internetadressen, Zeit- und sonstigen Angaben, kann naturgemäß von Verlag und Autor - auch im Sinne der Produkthaftung - nicht übernommen werden.

Der Autor und der Verlag sind für Lesertipps und Verbesserungen (besonders per E-Mail) unter Angabe der Auflagen- und Seitennummer dankbar.

Dieses OutdoorHandbuch hat 128 Seiten mit 48 farbigen Abbildungen sowie 20 farbigen Kartenskizzen, 12 farbigen Höhenprofilen und 2 farbigen Übersichtskarten. Es wurde auf chlorfrei gebleichtem Papier gedruckt, in Deutschland klimaneutral hergestellt und transportiert (die Zertifikatnummer finden Sie auf unserer Internetseite) und wegen der größeren Strapazierfähigkeit mit PUR-Kleber gebunden.

www.conrad-stein-verlag.de

Kurz hinter Treuchtlingen

Kloster Weltenburg zwischen Riedenburg und Kelheim

OutdoorHandbuch aus der Reihe „Der Weg ist das Ziel", Band 304

ISBN 978-3-86686-347-7   1. Auflage 2013

© Basiswissen für Draussen, Der Weg ist das Ziel und FernwehSchmöker sind urheberrechtlich geschützte Reihennamen für Bücher des Conrad Stein Verlags

Dieses OutdoorHandbuch wurde konzipiert und redaktionell erstellt vom Conrad Stein Verlag GmbH, Postfach 1233, 59512 Welver, Kiefernstraße 6, 59514 Welver, ☏ 023 84/96 39 12, FAX 96 39 13, ✑ info@conrad-stein-verlag.de, 🖥 www.conrad-stein-verlag.de

 Werden Sie unser Fan: 🖥 www.facebook.com/outdoorverlage

Unsere Bücher sind überall im wohl sortierten Buchhandel und in cleveren Outdoorshops in Deutschland, Österreich und der Schweiz erhältlich.
Auslieferung für den Buchhandel:

D	Prolit, Fernwald und alle Barsortimente
A	freytag & berndt, Wolkersdorf
CH	AVA-buch 2000, Affoltern und Schweizer Buchzentrum
I	Leimgruber A & Co. OHG/snc, Kaltern
BENELUX	Willems Adventure, LT Maasdijk
E	mapiberia f&b, Ávila

Text und Fotos: Michael Hennemann
Karten: Heide Schwinn
Lektorat & Layout: Annalena Hunke
Gesamtherstellung: AZ Druck und Datentechnik GmbH, Kempten

Titelfoto: Blick auf das Naturschutzgebiet Arnsberger Leite

Inhalt

Outdoorliteratur und Umweltschutz
- was könnte besser zusammenpassen?
Wir vom Conrad Stein Verlag produzieren unsere Bücher so umweltschonend wie möglich.

Wir drucken klimaneutral!
Wir verwenden nicht nur umweltfreundliche Materialien, sondern arbeiten auch mit einer Druckerei zusammen, die sich für Klimaschutz engagiert.

Dass beim Druck klimaschädliches CO_2 entsteht, lässt sich leider nicht vermeiden. Dies versuchen wir aber auszugleichen, indem wir Klimaschutzprojekte unterstützen - z.B. den Bau von Wasserkraftwerken, die besonders wenig CO_2 produzieren. So werden die Treibhausgase, die beim Druck unserer Bücher entstehen, an anderer Stelle eingespart.

Auf unserer Homepage finden Sie für jedes Buch eine Climate-Partner-Zertifikatsnummer und einen Link zu der Seite  www.climatepartner.com. Hier finden Sie weitere Informationen und können sehen, welche Umweltprojekte mit unseren Abgaben gefördert wurden.

Übrigens ...
... war der Conrad Stein Verlag der erste Buchverlag in Deutschland, der konsequent klimaneutral produzieren und transportieren ließ. Wir hoffen, dass uns viele andere Verlage auf diesem Weg folgen!

Sport und Natur
bewusster draußen unterwegs

Conrad Stein Verlag
OutdoorHandbuch Band 239
Basiswissen für draußen

ISBN 978-3-86686-275-3

Erleben & Lernen: „Es liegt ein kleines, kompaktes Buch vor, klimaneutral gedruckt - alle Achtung! -, voller Informationen, Verweise und anregender Fotos."

OUTDOOR
BASISWISSEN FÜR DRAUSSEN
BASIXX
Alexandra Albert
Sport und Natur -
bewusster draußen unterwegs

Über den Autor

Michael Hennemann ist aus Leidenschaft draußen unterwegs. Daher ließ er sich weder durch seine Ausbildung zum fototechnischen Assistenten, noch durch Praktika in den Redaktionen von GEO und Baedeker oder ein Geografiestudium an den Schreibtisch fesseln und schreibt seit mehr als einem Jahrzehnt Aktiv-Reiseführer für Touren per Kanu, mit Rucksack und Wanderstiefeln oder auf dem Rad.

Symbole

	Abenteuerpark	🛈	Information
	Achtung, Vorsicht	🏠	Jugendherberge
	Bademöglichkeit	✝	Kirche
	Bahn		Laden, Geschäft
📖	Buch-/Kartentipp	⌘	Museum
♜	Burg/Schloss	✗	Restaurant, Imbiss
	Bus		Schiff
⟁	Camping		Supermarkt
➲	Entfernung	FAX	Telefax
	Etappenbeginn/-fortsetzung	☎	Telefon
	geöffnet …	☺	Tipp
⌹	Homepage	☞	Verweis
	Hotel, Pension		Wohnmobil
↓	Höhe Abstieg	⧗	Zeitbedarf
↑	Höhe Aufstieg		

Vorwort

Das Altmühltal gehört zu den beliebtesten Urlaubsregionen in Süddeutschland und lockt Wanderer, Radfahrer und Bootstouristen in Scharen an. Die Gründe dafür sind vielfältig: Zu der einmaligen Naturlandschaft mit schroffen Kalkfelsen, schattigen Buchenwäldern und einer lieblichen Flusslandschaft gesellen sich bedeutende Schlösser, Burgen und Kirchen und da der sanfte Tourismus ganz oben auf der Agenda des Naturparks steht, finden Aktivtouristen hier ideale Bedingungen vor.

Kein Wunder also, dass der Altmühltal-Panoramaweg schon kurz nach seiner Eröffnung 2005 als „Qualitätsweg Wanderbares Deutschland" zertifiziert wurde und sich zum erlauchten Kreis der „Top Trails of Germany" zählen darf. Während der Arbeit an diesem Buch kam eine weitere Auszeichnung hinzu: Die Jury des Wandermagazins kürte den Altmühltal-Panoramaweg auf der Wander- und Trekkingmesse TourNatur in Düsseldorf zu „Deutschlands schönstem Wanderweg 2012".

Vielen Dank, dass Sie sich für diesen Wanderführer entschieden haben. Ich hoffe, dass er Ihnen ein treuer Begleiter auf dem Weg von Gunzenhausen nach Kelheim ist und wünsche eine erlebnisreiche Wanderung.

Ihr Autor Michael Hennemann

Einleitung

Turm der Stadtmauer von Dollnstein

Naturpark Altmühltal

Nur knapp eine Autostunde von den Großstädten Nürnberg, München und Augsburg entfernt liegt mitten in Bayern der Naturpark Altmühltal. Mit einer Fläche von etwa 3.000 km^2 zählt er zu den größten Naturparks in Deutschland, der bereits 1969 gegründet wurde und 1995 eine rechtsverbindliche Naturparkverordnung erhielt.

Zu den besonders schützenswerten Naturräumen zählen die **Trockenrasen** und **Wacholderheiden**. Sie entstanden während der Besiedlung des Altmühltals vor über 1.000 Jahren, als die Menschen begannen die Laubwälder abzuholzen, die ursprünglich die Landschaft entlang der Altmühlufer prägten. Die durch die Rodung entstandenen Freiflächen wurden durch Schafe offen gehalten und es wanderten Trockenpflanzen und Wachholder ein. So entstand ein artenreicher Lebensraum für viele seltene Pflanzen und Tiere wie Eidechsen, Blindschleichen, Heuschrecken und Falter.

Als die Schafbeweidung ab dem 18. Jahrhundert unwirtschaftlich wurde, verbuschten die Flächen oder wurden mit schnell wachsenden Bäumen wie Kiefern aufgeforstet. Heute gibt es daher nur noch wenige intakte Trockenrasen, u.a. bei Gungolding, Dollnstein, Titting und Kinding.

Etwa 40 % der Fläche im Naturpark ist bewaldet, der ursprüngliche **Buchenwald** ist aber nirgendwo mehr als unberührter Urwald anzutreffen. Recht verbreitet ist ein Orchideen-Buchenwald, in dem neben Buche auch Eiche, Hainbuche, Bergahorn und Linde zu finden sind und bei dem im Frühjahr, bevor die Baumkronen ihre Blätter bekommen, vielfältige Frühjahrsblüher wie Lungenkraut, Leberblümchen und Buschwindröschen einen dichten Teppich am Waldboden bilden.

Die Lebensader des Naturparks ist die Altmühl, die der Mensch seit Jahrhunderten zu bändigen versucht, sodass **Feuchtwiesen** und **Auenwälder**, die einst die Ufer säumten, durch Landwirtschaft und Straßenbau stark gefährdet sind.

Ein wichtiger Lebensraum aus zweiter Hand sind die zahlreichen stillgelegten **Steinbrüche** der Region. Auf den ersten Blick wirken Sie zwar wie Wunden in der Landschaft, da Sie aber natürlichen Felsen ähneln, wächst hier unter anderem der Weiße Mauerpfeffer, von dem sich die Raupe des Apollofalters vorzugsweise ernährt.

Fossilien und Geologie

Vor 140 Millionen Jahren wäre eine Wanderung in der Region ein Unterwasserspaziergang gewesen, denn lange bevor sich das Flusstal der Altmühl bildete, erstreckte sich hier ein flaches, tropisches Meer, in und an dem sich Raubfische, Saurier, der Urvogel Archaeopteryx und viele andere Tiere tummelten.

Nach dem Tod der Lebewesen sanken ihre Überreste auf den Meeresgrund, wurden dort im Schlamm luftdicht eingeschlossen und ihre Formen blieben in den Kalkschichten erhalten.

Der Solnhofener Plattenkalk ist aber nicht nur die Fundstätte von Fossilien als spannende Zeugen der Vergangenheit, sondern wird auch als Baumaterial z.B. für Boden- oder Treppenbeläge geschätzt und als Druckplatte beim Steindruck (Lithografie) eingesetzt.

Fossiliensuche im Hobby-Steinbruch Blumberg bei Eichstätt

Insgesamt laden im Naturpark fünf Steinbrüche und Sammelstellen dazu ein, selbst eine spannende Zeitreise in die Welt der Versteinerungen anzutreten:

- ◆ **Fossiliensteinbruch Blumberg bei Eichstätt**, Kinderdorfstraße, 85072 Eichstätt, ☎ 01 57/73 05 98 06
- ◆ **Fossiliensteinbruch Mühlheim bei Mörnsheim**
- ◆ **Hobby-Steinbruch Solnhofen**
- ◆ **Steinbruch Schamhaupten bei Altmannstein**
- ◆ **Fossiliensammelstelle Titting**, Marktstr. 21, 85135 Titting, ☎ 084 23/98 55 89

Spuren der Römer

Ab etwa 15 v. Chr. begannen die Römer ihr Imperium auch nördlich der Alpen auszudehnen. Zentrum der neu gegründeten Provinz Raetien wurde Augusta Vindelicum, das heutige Augsburg. Ende des 1. Jahrhunderts drangen die römischen Truppen unter Kaiser Domitian weiter nach Norden vor. Die Grenze des Römischen Reiches verlief nun nördlich der Donau und zur Verteidigung gegen die Überfälle der germanischen Stämme wurden erste Wachtürme errichtet. Später wurde der Limes als Grenzmauer durchgehend befestigt - zunächst aus Holz, dann aus Stein.

Rekonstruierter Limeswachturm auf dem Pfahlbuck

2005 wurde der **Raetische Limes** in Bayern und Baden-Württemberg von der Unesco in die Liste des Weltkulturerbes aufgenommen.

Reise-Infos von A bis Z

Wegweiser bei Burg Randeck

An- und Abreise

Mit Bus & Bahn

Der Startpunkt des Altmühltal-Panoramawegs, Gunzenhausen, liegt an den Bahnlinien München-Würzburg sowie Pleinfeld-Gunzenhausen und ist daher problemlos mit der Bahn zu erreichen.

Kelheim am Tourenende ist leider nicht direkt an das Schienennetz angebunden. Der nächste Bahnhof ist im etwa 4 km entfernten Saal am rechten Donauufer zu finden (Bahnlinie Regensburg - Ingolstadt). Außerdem verkehrt ein Freizeitbus (☞ S. 16) von Kelheim nach Eichstätt, wo Sie die Rückreise mit der Bahn fortsetzen können.

i Servicenummer der Bahn ☎ 01 80/599 66 33 (€ 0,14/Min. aus dem Festnetz, Mobilfunk bis max. € 0,42/Min.), kostenlose Fahrplanauskunft ☎ 08 00/150 70 90, 💻 www.bahn.de

Mit dem Auto

Mit dem eigenen PKW gelangen Sie am schnellsten auf den Autobahnen A9 oder A6 und anschließender kurzer Fahrt über eine Bundesstraße nach Gunzenhausen. Parken können Sie das Auto für die Dauer der Wanderung am besten auf dem Großparkplatz *Zum Schießwasen*, der direkt neben der Stadthalle und somit am Startpunkt des Altmühltal-Panoramawegs liegt. Vom Endpunkt Kelheim kommen Sie mit dem Freizeitbus nach Eichstätt und von dort mit der Bahn zurück zu Ihrem Auto in Gunzenhausen.

Mit Bahn, Bus und Schiff entlang der Strecke

Die gute Verbindung mit öffentlichen Verkehrsmitteln entlang der Altmühl ermöglicht eine sehr individuelle Tourenplanung. So können Sie auch bequem kürzere Teilstücke oder einzelne Etappe laufen und dann mit Bahn, Bus oder Schiff zum Ausgangspunkt zurückkehren.

Im ersten Abschnitt von Gunzenhausen bis Eichstätt führen die Bahnschienen praktisch parallel zur Altmühl durch das Tal. Bahnhöfe gibt es in Gunzenhausen, Treuchtlingen, Pappenheim, Solnhofen, Dollnstein, Eichstätt und Kindig.

🚌　Im zweiten Abschnitt, wo es keine Bahnanbindung mehr gibt, verbindet während der Urlaubssaison von Frühjahr bis Herbst der sogenannte Freizeitbus mit insgesamt vier Linien die schönsten Urlaubsziele zwischen Eichstätt und Regensburg. Eine Einschränkung gibt es allerdings: Die Busse verkehren nur an Wochenenden und Feiertagen. Eine Ausnahme bildet die Linie zwischen Eichstätt und Beilngries, die zusätzlich auch von Montag bis Freitag bedient wird, allerdings nur ein- oder zweimal pro Tag, meist morgens und abends.

🛈　　Die Fahrpläne der Freizeitbusse finden Sie unter
　　　💻 www.naturpark-altmuehltal.de

◆　　Fahrplanauskunft für den Verkehrsverbund Großraum Nürnberg (VGN),
　　　☎ 08 00/463 68 46, ✉ info@vgn.de, 💻 www.vgn.de

◆　　Elektronische Fahrplanauskunft für Bus und Bahn 💻 www.bayern-fahrplan.de

🚢　Im letzten Teilstück des Altmühltal-Panoramawegs zwischen Dietfurt und Kelheim können Sie zwischen Ende April und Mitte Oktober auch eines der Linienschiffe auf dem Main-Donau-Kanal nutzen, um z.B. eine Etappe abzukürzen oder von Kelheim nach Dietfurt zurückzukehren und von dort über Eichstätt (Freizeitbus) nach Gunzenhausen (Bahn) weiterzufahren. Abfahrtsstellen der Schiffe sind: Dietfurt, Meihern, Eggersberg, Riedenburg, Prunn, Essing und Kelheim.

🛈　　Die Fahrpläne und -preise der Schiffsverbindungen auf dem Main-Donau-Kanal
　　　finden Sie unter 💻 www.schiffahrt-kelheim.de

Bekleidung und Ausrüstung

Die benötigte Ausrüstung fällt je nach gewählter Reiseform naturgemäß sehr unterschiedlich aus: Wer eine Etappe des Altmühltal-Panoramawegs als Tagestour wandert oder eine Pauschalwanderung mit Gepäcktransport von Hotel zu Hotel gebucht hat, dem reicht unterwegs ein kleiner Rucksack mit Trinkflasche, Regenjacke, Sonnenmilch, Erste-Hilfe-Set und etwas Verpflegung. Wer dagegen den kompletten Altmühltal-Panoramaweg von Gunzenhausen bis Kelheim autark wandern, im Zelt übernachten und selbst kochen will, braucht natürlich eine vollständige Trekkingausrüstung mit Zelt, Schlafsack, Isomatte und Kochgeschirr.

Eine wichtige Rolle für die problemlose Wanderung spielt das passende **Schuhwerk**. Aufgrund der durchgehend guten Wegbeschaffenheit sind schwere Trekkingstiefel auf dem Altmühltal-Panoramaweg nicht unbedingt notwendig. Achten Sie aber unbedingt auf einen festen Wanderschuh, der gut sitzt und über eine verwindungsfeste Sohle mit gutem Profil verfügt. Er sollte zudem im Vorderfußbereich vorgebogen sein, damit das natürliche Abrollverhalten unterstützt wird. Ein wasserdichtes, atmungsaktives Futter mit einer Funktionsmembran wie GoreTex hält den Fuß auch unter widrigen Wetterbedingungen trocken.

Ein gutes Paar **Wandersocken** stellt eine sinnvolle Ergänzung zum richtigen Schuh dar. Es sollte den Fuß gut polstern und schnell trocknen. In Frage kommen daher nur Funktionsmaterialien oder Wolle - Baumwolle ist dagegen tabu. Achten Sie beim Kauf auf den absolut perfekten Sitz. Die Socke darf keine Falten werfen!

Für die Bekleidung hat sich das sogenannte **Zwiebelprinzip** bewährt, d.h. mehrere dünnere übereinander getragene Bekleidungsschichten sind besser als eine dicke. So bleiben Sie flexibel und können die Kleidung optimal auf das aktuelle Wetter abstimmen:

1. Schicht: Funktionsunterwäsche aus Polyester- oder Polyamidmaterial, um den Schweiß von der Hautoberfläche abzutransportieren, ohne dass sich die Feuchtigkeit in der Kleidung staut.

2. Schicht: Trekking-/Wanderhose mit ausreichend Taschen und Fleeceshirt zur Isolation, um den Körper warm zu halten.

3. Schicht: Regenjacke und -hose aus wasserdichten, aber atmungsaktiven Funktionsmaterialien zum Wetterschutz.

☺ Die Angebotspalette an Outdoor-Funktionsbekleidung ist unüberschaubar groß. Die beste Orientierung bietet eine kompetente Beratung in einem guten Trekking-Laden, den Sie mittlerweile in jeder größeren Stadt finden.

Beste Wanderzeit

Frühling und Herbst sind die beiden idealen Jahreszeiten für eine Wanderung auf dem Altmühltal-Panoramaweg. Im Hochsommer kann es tagsüber stellenweise unangenehm heiß werden.

Etappen

Zwischen dem Ausgangspunkt Gunzenhausen und dem Ziel Kelheim liegt eine Strecke von über 200 Wanderkilometern mit etwa 7.500 Auf- und Abstiegs-Höhenmetern. Für dieses Buch habe ich die gesamte Strecke des Altmühltal-Panoramawegs in 11 Etappen aufgeteilt, deren Länge zwischen 12 km und 30 km liegt. Sie wurden so gewählt, dass nach Möglichkeit ausreichend Übernachtungsmöglichkeiten am jeweiligen Etappenziel zur Verfügung stehen.

Zeit für eine Rast sollte immer eingeplant sein, wie hier im Garten des Museumcafés in Solnhofen mit Blick auf Bootfahrer auf der Altmühl

Mit Ausnahme der langen 2. Etappe von Spielberg nach Treuchtlingen (die Sie bei Bedarf in Auernheim unterbrechen können) sind die vorgestellten Etappen auch für „durchschnittliche" Genusswanderer gut zu schaffen. Die Zeiten sind dabei eher gemütlich bemessen. Ehrgeizige Sportler werden sicherlich um einiges schneller unterwegs sein, wer hingegen alle Burgen ausgiebig in Augenschein nimmt und in jedem Biergarten einkehrt, wird entsprechend länger brauchen.

☺   Bei schlechtem Wetter können Sie den öffentlichen Verkehr nutzen, um eine Etappe abzukürzen (☞ Mit Bahn, Bus und Schiff entlang der Strecke, S. 15).

GPS

Mit dem Global Positioning System (GPS) können Sie per Knopfdruck im Gelände ihren aktuellen Standpunkt bis auf wenige Meter genau ermitteln. Das ist auf dem gut markierten Altmühltal-Panoramaweg zwar nicht unbedingt erforderlich, macht aber eine Menge Spaß, denn Sie bekommen damit auch eine detaillierte Statistik von Ihrer Wanderung, können die Strecke nachträglich am Computer z.B. in GoogleMaps nachverfolgen oder unterwegs am Wegesrand auf moderne Schatzsuche gehen („Geocaching" lautet das Stichwort dazu).

☺   Sie finden den Streckenverlauf des gesamten Altmühltal-Panoramawegs im GPX-Format auf meiner Website unter 🖥 www.michael-hennemann.de und können ihn nach dem Herunterladen auf Ihren GPS-Empfänger überspielen.

Information

Zentrale Anlaufstelle für alle Fragen rund um die Tour auf dem Altmühltal-Panoramaweg und zu einem Urlaub im Altmühltal ist das Informationszentrum des Naturparks in Eichstätt:

🛈   **Informationszentrum Naturpark Altmühltal**, Notre Dame 1, 85072 Eichstätt,
☎ 084 21/987 60, 🖥 www.naturpark-altmuehltal.de

Karten

Der Altmühltal-Panoramaweg ist gut markiert und zusätzliche Karten sind nicht unbedingt erforderlich. Wer dennoch Kartenmaterial mitnehmen möchte, verwendet am besten die sogenannten Umgebungskarten (UK) des Bayerischen Landesamts für Vermessung und Geoinformation. Für den gesamten Weg benötigt man folgende drei Blätter:

- **UK 50-23** Naturpark Altmühltal, westlicher Teil - Weißenburg - Eichstätt - Gunzenhausen - Monheim
- **UK 50-24** Naturpark Altmühltal, mittlerer Teil - Eichstätt - Greding - Beilngries - Ingolstadt
- **UK 50-25** Naturpark Altmühltal, östlicher Teil - Parsberg - Riedenburg - Mainburg - Regensburg-West - Kelheim

Markierung

Die gelb-rote Markierung des Altmühltal-Panoramawegs

Das Logo des Altmühltal-Panoramawegs zeigt einen stilisierten Flusslauf. Die gesamte Strecke ist durchgehend und in beide Richtungen mit gelb-roten Plastikschildern markiert, die meist in Augenhöhe, z.B. an Bäumen, festgenagelt sind. Vereinzelt gibt es auch Wegweiser mit Entfernungsangaben.

Pauschalangebote, Reiseveranstalter und Gepäcktransport

Wer sich eine Wanderung auf eigene Faust nicht zutraut, lieber in der Gruppe wandern möchte oder einen Gepäcktransport wünscht, findet eine ganze

Reihe von Anbietern, die praktische Wanderpauschalen auf dem Altmühltal-Panoramaweg anbieten:

- **San-aktiv-TOURS**, Otto-Dietrich-Straße 3, 91710 Gunzenhausen, ☎ 098 31/49 36, ✎ info@san-aktiv-tours.de, 💻 www.san-aktiv-tours.de
- **Natour**, Gänswirtshaus 12, 91781 Weissenburg, ☎ 091 41/92 29 29, ✎ info@natour.de, 💻 www.natour.de
- **Kleins Wanderreisen GmbH**, Ruderstal 3, 35686 Dillenburg, ☎ 027 71/268 00, ✎ info@kleins-wanderreisen.de, 💻 www.kleins-wanderreisen.de
- **Wikinger Reisen GmbH**, Kölner Straße 20, 58135 Hagen, ☎ 023 31/90 47 42, ✎ mail@wikinger.de, 💻 www.wikinger-reisen.de
- **Eurohike - Eurofun Touristik GmbH**, Mühlstraße 20, A-5162 Obertrum, ☎ +43 62 19/744 41 61, kostenlose Infohotline in Deutschland ☎ 08 00/588 97 18, ✎ office@eurohike.de, 💻 www.eurohike.at
- **Reise Karhu**, Bahnhofstraße 14, 07545 Gera, ☎ 03 65/552 96 70, ✎ info@reise-karhu.de, 💻 www.reise-karhu.de

Anzeige

Schlaufenwege

Neben dem Altmühltal-Panoramaweg sind im Naturpark auch 20 sogenannte Schlaufenwege markiert, die mit einer Streckenlänge zwischen etwa 10 km und 30 km die Sehenswürdigkeiten abseits der Hauptroute in den Seitentälern der Altmühl erschließen.

Sie sind meistens als Rundwanderungen angelegt und bieten sich so für sorgenfreie und problemlose (Halb-)Tageswanderung an. Die Markierungen für die Schlaufenwege zeigen einen stilisierten Flusslauf in gelb auf blauem Grund und tragen die Nummer der jeweiligen „Schlaufe".

Übersicht der Schlaufenwege im Altmühltal

Schlaufen-nummer	Name	Route	Länge (ca.)
1	Teufelsmauer-Weg	Gunzenhausen - Unterwurmbach - Gunzenhausen	16 km
3	Hahnenkamm	Spielberg - Heidenheim - Hechlingen am See - Degersheim - Wolfsbronn - Spielberg	28 km
6	Altmühlblick	Treuchtlingen - Wettelsheim - Bubenheim - Graben - Treuchtlingen	16 km
7	Reichsstadtweg	Weißenburg - Flemmühle - Geislohe - Pappenheim	17 km
8	Pappenheim	Rundweg um Pappenheim	8 km
9		Solnhofen - Langenaltheim - Mörnsheim - Solnhofen	18 km
11		Dollnstein - Konstein - Wellheim - Dollnstein	17 km
12	Schernfeld	Hagenacker/Schönfeld - Schernfeld - Obereichstätt - Dollnstein - Hagenacker	29 km
14	Eichstätt	Eichstätt - Landershofen - Buchenhüll - Eichstätt	15 km
15	Walting	Walting - Mammuthöhle Buchenhüll - Pfünz - Walting	16 km
16	Kipfenberg	Arnsberg - Schambach - Attenzell - Kipfenberg - Arnsberg	25 km
17	Ritter- und Römerweg	Titting - Emsing - Altdorf - Erkertshofen - Titting	19 km
18	Romantikweg im Anlautertal	Kinding - Enkering - Erlingshofen - Kinding	19 km

Schlaufen-nummer	Name	Route	Länge (ca.)
19	Schwarzachtal-Panoramaweg	Greding - Kinding - Enkering - Heimbach - Greding	24 km
22	Sulztal-Wanderweg	Beilngries - Plankstetten - Berching - Beilngries	20 km
23	Labertalweg	Dietfurt - Breitenbrunn - Erbmühle - Dietfurt	27 km
24	Schambachtal	Riedenburg - Altmannstein - Hattenhausen - Riedenburg	23 km
25	Riedenburg	Riedenburg - Jachenhausen - Riedenburg	13 km
26	Essing-Ihrlerstein	Essing - Schulerloch- Kelheim - Weltenburg - Weihermühle - Essing	23 km
27	Weltenburger-Höhenweg	Kloster Weltenburg - Arzberg - Kelheim - Kloster Weltenburg	13 km

Übernachtung

Die Auswahl an Übernachtungsmöglichkeiten im Altmühltal ist groß und reicht von der einfachen Zeltwiese ohne fließend Wasser (dafür aber mit der Möglichkeit zu einem urigen Lagerfeuer!) über die gemütliche Familienpension bis zum komfortablen Luxus-Wellness-Hotel. Es ist also für jeden Geschmack und Geldbeutel etwas Passendes dabei. In den Tourenbeschreibungen finden Sie beim jeweiligen Ort eine Auswahl an Übernachtungsbetrieben der unterschiedlichen Kategorien, die direkt an oder in kurzer Entfernung zum Altmühltal-Panoramaweg liegen.

Aber Achtung: Gerade in den kleinen Orten entlang der Strecke ist das Bettenangebot begrenzt und da das Altmühltal nicht nur unter Wanderern sondern auch bei Radlern, Kanuten, und Klettersportlern sehr beliebt ist, können die Betten am Wochenende und in der Hochsaison knapp werden. Sie sollten daher spätestens von unterwegs anrufen, um das Zimmer für die kommende Nacht im Voraus zu reservieren.

Die Unterkunft Landhotel Gut Moierhof

Unkompliziert wird die Übernachtungsfrage, wenn Sie mit dem eigenen Zelt im Gepäck unterwegs sind. Durch den Ausbau der Altmühl als Bootswanderweg (☞ Weitere Aktivitäten, unten) wurden viele Bootsrastplätze eingerichtet, auf denen natürlich auch Wanderer das Zelt aufschlagen können. Hier brauchen Sie nicht im Voraus zu buchen, denn als Einzelreisender oder Familie bekommt man eigentlich immer einen Platz für das Zelt.

✎   Die in der Tourenbeschreibung angegebenen Preise beziehen sich auf den Übernachtungspreis für eine Person im Doppelzimmer inklusive Frühstück für eine Nacht.

Updates

Es gibt immer wieder Änderungen auf dem Weg. Der Conrad Stein Verlag veröffentlicht deswegen Updates zu diesem Buch, die direkt von den Autoren oder von Lesern dieses Buches stammen. Bitte suchen Sie vor Ihrer Abreise auf der Verlags-Homepage 💻 www.conrad-stein-verlag.de diesen Titel. Unter dem Link „mehr lesen" finden Sie alle wichtigen Informationen. Der links abgebildete QR-Code führt Sie direkt zu der richtigen Seite.

Weitere Aktivitäten

Der Naturpark Altmühltal ist nicht nur bei Wanderern beliebt, sondern auch bei Radlern und Bootsfahrern. Die beiden beliebtesten Touren sind der familienfreundliche **Altmühltal-Radweg**, der der Altmühl auf einer Strecke von knapp 170 km von Gunzenhausen bis Kelheim ohne große Steigungen und fernab des Straßenverkehrs folgt. Die beliebte **Bootswanderstrecke** beginnt ebenfalls in Gunzenhausen und endet nach 120 km in Töging, bevor die Altmühl in den Main-Donau-Kanal mündet. Die Altmühl ist ein gemütlicher Wanderfluss mit ruhiger Strömung und bietet die ideale Kulisse für einen unbeschwerten Kanuurlaub mit urigen, direkt am Ufer gelegenen Zeltmöglichkeiten und jeder Menge guter Einkehrmöglichkeiten in idyllischen Biergärten und zünftigen Lokalen.

- **Kanu Kompakt Altmühl**: Die Altmühl von Gunzenhausen bis Dietfurt, mit topografischen Wasserwanderkarten von Michael Hennemann, Thomas-Kettler-Verlag 2013, ISBN 978-3-934014-34-3
- **Kanu Kompass Bayern, Baden-Württemberg**: Das Reisehandbuch zum Kanuwandern: Die 22 schönsten Kanutouren in Süddeutschland von Michael Hennemann, Thomas-Kettler-Verlag 2010, ISBN 978-3-934014-09-1

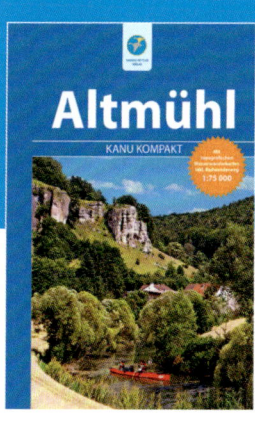

Bei den Zwölf Aposteln zwischen Solnhofen und Dollnstein

Die Etappen
des Altmühltal-Panoramawegs

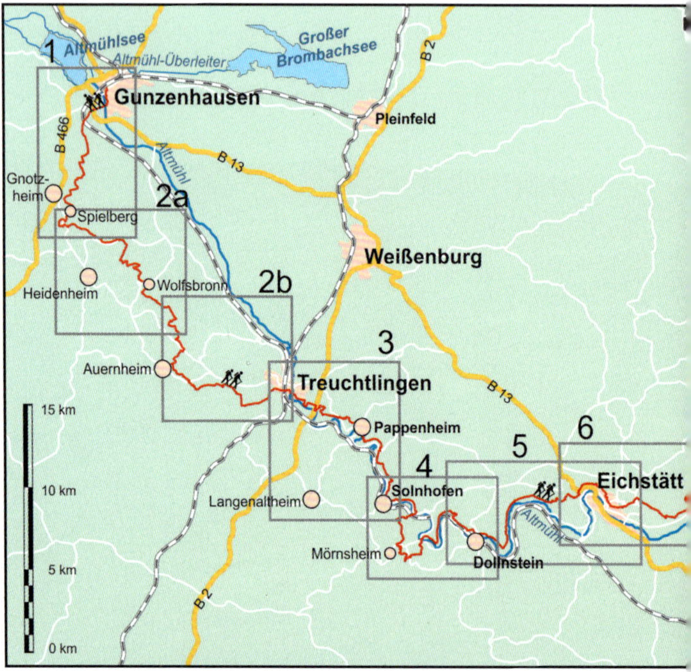

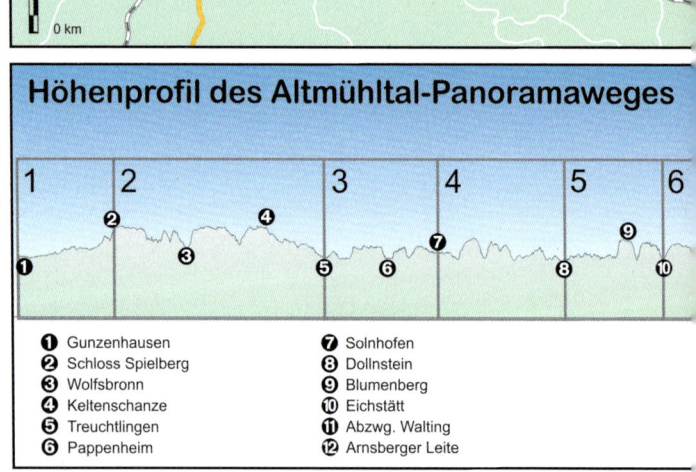

Höhenprofil des Altmühltal-Panoramaweges

- ❶ Gunzenhausen
- ❷ Schloss Spielberg
- ❸ Wolfsbronn
- ❹ Keltenschanze
- ❺ Treuchtlingen
- ❻ Pappenheim
- ❼ Solnhofen
- ❽ Dollnstein
- ❾ Blumenberg
- ❿ Eichstätt
- ⓫ Abzwg. Walting
- ⓬ Arnsberger Leite

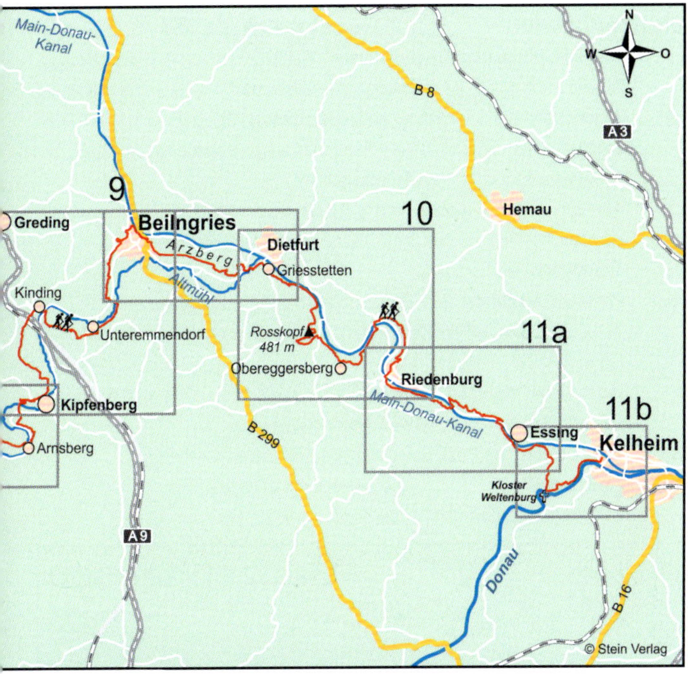

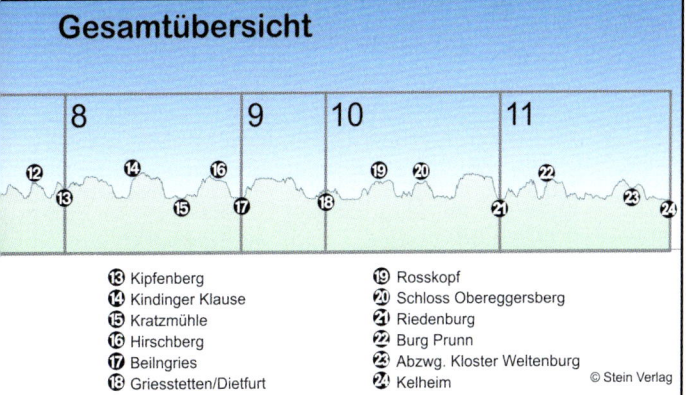

Gesamtübersicht

© Stein Verlag

Gunzenhausen   (16.000 Ew.)

ℹ️   **Touristik Information Gunzenhausen**, Marktplatz 25, 91710 Gunzenhausen, ☎ 098 31/50 83 00, ✍ wifoe@gunzenhausen.de, 🖥 www.gunzenhausen.de

🏠   **Jugendherberge Gunzenhausen am Altmühlsee**, Spitalstraße 3, 91710 Gunzenhausen, ☎ 098 31/670 20, ✍ gunzenhausen@jugendherberge.de, 🖥 www.gunzenhausen.jugendherberge.de

⛺   **Altmühlsee-Campingplatz Herzog GmbH**, Seestraße 12, 91710 Gunzenhausen/Schlungenhof, ☎ 098 31/90 33, ✍ post@camping-herzog.de, 🖥 www.camping-herzog.de

🛏   **Parkhotel Altmühltal**, Zum Schießwasen 15, 91710 Gunzenhausen, ☎ 098 31/50 40, ✍ info@aktiv-parkhotel.de, 🖥 www.aktiv-parkhotel.de (ab € 74)

♦   **Hotel Blauer Wolf**, Marktplatz 9, 91710 Gunzenhausen, ☎ 098 31/89 00, ✍ info@blauerwolf.de, 🖥 www.blauerwolf.de (ab € 50)

♦   **Gasthof-Hotel zur Post**, Bahnhofstraße 7, 91710 Gunzenhausen, ☎ 098 31/674 70, ✍ info@hotelzurpost-gunzenhausen.de, 🖥 www.hotelzurpost-gunzenhausen.de (ab € 43)

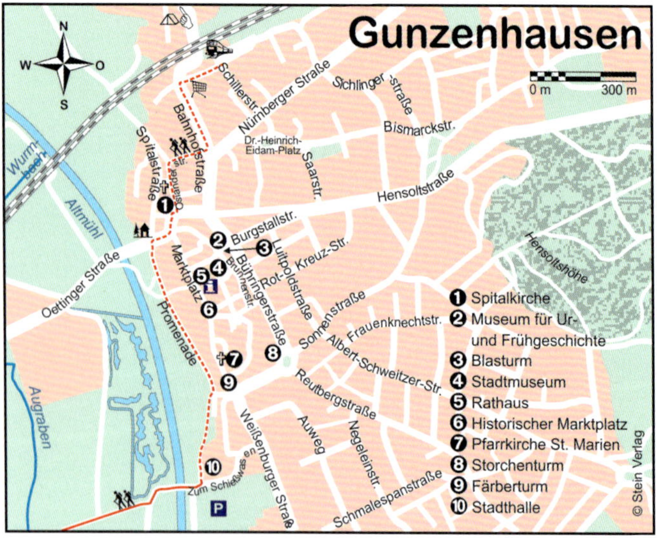

Gunzenhausen

0 m   300 m

❶ Spitalkirche
❷ Museum für Ur- und Frühgeschichte
❸ Blasturm
❹ Stadtmuseum
❺ Rathaus
❻ Historischer Marktplatz
❼ Pfarrkirche St. Marien
❽ Storchenturm
❾ Färberturm
❿ Stadthalle

© Stein Verlag

♦ **Gasthof Arnold**, Nürnberger Straße 4, 91710 Gunzenhausen, ☎ 098 31/24 83, ✆ info@gasthof-arnold.de, 🖥 www.gasthof-arnold.de (ab € 37)

♦ **Hotel-Gasthof-Krone**, Nürnberger Straße 7, 91710 Gunzenhausen, ☎ 098 31/88 33 95, 🖥 www.hotel-krone.info (ab € 40)

♦ **Hotel Adlerbräu**, Marktplatz 10, 91710 Gunzenhausen, ☎ 098 31/886 70, ✆ info@hotel-krone.info, 🖥 www.hotel-adlerbraeu.de (ab 44 €)

⌘ **Stadtmuseum**, Exponate zur Stadtgeschichte wie Fayencefliesen, Kunsthandwerk, Mobiliar und Trachten auf vier Etagen in einem ehemaligen Adelspalais von 1706.

♦ Rathausstr. 12, 91710 Gunzenhausen, ☎ 098 31/50 83 06, 🚩 Mai bis Mitte Okt. Di bis So/Feiertag 10:00 bis 12:00 und 13:00 bis 17:00, im Winter Di bis Fr 13:00 bis 17:00, So. 10:00 bis 12:00 und 13:00 bis 17:00

⌘ **Archäologisches Museum**, fünf moderne Ausstellungsräume mit Funden von der Steinzeit bis zum frühen Mittelalter. Natürlich kommen auch die Römer und der Limes nicht zu kurz.

♦ Brunnenstraße 1, 91710 Gunzenhausen, ☎ 098 31/50 83 06, 🚩 Mai bis Mitte Okt. Di bis So/Feiertag 10:00 bis 12:00 und 13:00 bis 17:00, im Winter Di bis Fr 13:00 bis 17:00, So. 10:00 bis 12:00 und 13:00 bis 17:00

♟ **Blasturm**, im oberen Stock des einstigen Torturms ist eine vollständig eingerichtete Türmerwohnung zu sehen. Noch eindrucksvoller ist der spektakuläre Ausblick über die Dächer von Gunzenhausen.

♦ Rathausstraße, 91710 Gunzenhausen, ☎ 098 31/50 83 00, 🚩 Do, So 11:00 bis 12:00

Die mittelfränkische Kleinstadt Gunzenhausen zwischen Altmühl- und Brombachsee bildet das Zentrum des Fränkischen Seenlands und ist das Eingangstor zum Naturpark Altmühltal. Eines der größten Volksfeste ist die traditionelle Gunzenhäuser Kerwa, das Kirchweih-Volksfest im September.

Fränkisches Fachwerk und prächtige Barockbauten säumen den Marktplatz im Herzen der historischen Altstadt. Zu den Sehenswürdigkeiten zählen die spätgotische evangelische Pfarrkirche St. Marien, die um 1200 auf dem Gelände des ehemaligen römischen Kastells errichtet wurde, und das

Die Gunzenhausener Altstadt in der Nähe des Färberturms

ehemalige Schloss der Ansbacher Markgrafen aus dem 16. Jahrhundert, das seit 1974 das Rathaus beherbergt. Die Stadtsilhouette wird von drei Türmen der ehemaligen Stadtbefestigung bestimmt. Vom Blasturm spielte im Mittelalter die Stadtkapelle auf und neben dem Turmmuseum bietet er heute einen guten Ausblick über die Dächer der Stadt. Der stattliche Färberturm ist ein Rundturm aus dem 14. Jahrhundert und verdankt seinen Namen einer einst am Fuße des Turmes ansässigen Färberei. Der Storchenturm wurde Mitte des 15. Jahrhunderts erbaut, im Dreißigjährigen Krieg schwer beschädigt und Mitte des 18. Jahrhunderts als Wohnung umgebaut. Seit 1869 ist er in Privatbesitz.

Die Stadtgründung geht zurück auf ein Numeruskastell, das die Römer um 90 n. Chr. zur Verstärkung der Grenzanlagen errichteten, nachdem sie die Kelten aus den Gebieten nördlich der Donau vertrieben hatten und bis in die Gegend des heutigen Gunzenhausen vordrangen. Wachtürme des Raetischen Limes, der 2005 zum Unesco-Weltkulturerbe gekürt wurde, kann man auf einer Wanderung durch den Burgstallwald entdecken.

Nordwestlich vor den Toren Gunzenhausens wurde die Altmühl zum Altmühlsee aufgestaut, der ein beliebtes Naherholungsgebiet zum Surfen, Segeln, Angeln und Schwimmen ist. An den Ufern laden Sandstrände und Liegewiesen zum Sonnenbad ein.

Die Flachwasser- und Inselzone im nördlichen Seeteil bei Muhr am See ist Lebensraum für über 300 verschiedene Vogelarten. Wissenswertes zur Vogelwelt erfährt man in der Umweltstation des Landesbundes für Vogelschutz. Von April bis Oktober werden auch naturkundliche Führungen angeboten.

1. Etappe: Von Gunzenhausen nach Spielberg

⮌ 12 km/ ⧖ 3 Std. ↑ 220 m ↓ 45 m

Auf der kurzen und problemlosen Auftaktetappe bekommt man die Altmühl nur beim Start in Gunzenhausen zu Gesicht. Danach verläuft die Strecke unspektakulär durch sanft gewellte Felder und Wiesen und führt schließlich auf einen Ausläufer des Hahnenkamms hinauf. Dieser Höhenzug wird seit dem 14. Jahrhundert von der Burg Schloss Spielberg gekrönt und bietet einen fantastischen Ausblick in das weite Altmühltal.

Blick über die Altmühl auf Gunzenhausen

Vom Bahnhof zum Start des Altmühltal-Panorama-wegs an der Stadthalle (⮌ 2 km/ ⧖ 30 Min.)

Wer mit der Bahn anreist, findet sich am nördlichen Stadtrand von Gunzenhausen wieder, wohingegen die Markierungen des Altmühltal-Panoramawegs an der Stadthalle südlich der historischen Innenstadt beginnen.

Um zum Startpunkt zu gelangen, wenden Sie sich nach Verlassen des Bahnhofsgebäudes auf dem Vorplatz nach rechts und folgen dem Wegweiser „Marktplatz". An der T-Kreuzung nach 150 m geht es links auf der Bahnhof-straße weiter (Wegweiser „Information" und „Jugendherberge") und vorbei an einem Supermarkt. Biegen Sie dann hinter der Apotheke rechts in die *Osianderstraße*, halten Sie sich an der nächsten Gabelung links und folgen Sie am Ende bei der Spitalkirche der Hauptstraße kurz nach rechts, um dann nach wenigen Schritten links in die Fußgängerzone abzubiegen.

Vor der Touristeninformation bringt Sie die Gasse *Zur Promenade* nach rechts am Café Lebenslust vorbei zu einem kleinen Spielplatz. Laufen Sie hier auf dem geschotterten Fuß- und Radweg nach links. Der Weg verläuft parallel zur Altmühl, die in einiger Entfernung hinter der Baumreihe entlang fließt, nach links. Schließlich ist die Stadthalle erreicht und gegenüber leuchtet vor dem öffentlichen Toilettenhäuschen der erste gelb-rote Wegweiser des Altmühltal-Panoramawegs.

Es geht los ... Die moderne Stadthalle von Gunzenhausen ist ein beliebter Veranstaltungsort für Kongresse, Messen, Konzerte und andere Großevents. Gegenüber findet sich eine ganze Reihe von Wegweisern für die zahlreichen Wander- und Radwege rund um Gunzenhausen. Der Altmühltal-

Panoramaweg führt zunächst auf der Brücke über die Altmühl und linker Hand sieht man die Bootseinsatztreppe für Kanutouren auf der Altmühl. Biegen Sie 150 m hinter dem Ortsausgang rechts auf die schmale Teerstraße, die durch die weite, offene Wiesen- und Feldlandschaft führt [800 m/15 Min.].

Überqueren Sie am Umspannwerk die stärker befahrene Bundesstraße (B13) und folgen Sie geradeaus dem Feldweg, der in einem sanften Linksbogen durch Getreide- und Maisfelder führt. In etwa 50 m Abstand wird der Wanderpfad rechter Hand von einer Hochspannungsleitung begleitet [2 km/30 Min.].

Wechseln Sie etwa 200 m nach dem Passieren der Bahnunterführung auf die linke Seite des schmalen Waldstreifens und laufen Sie an den folgenden beiden Abzweigungen geradeaus weiter [3 km/45 Min.].

An der Kreuzung mit der Straße versteckt sich der Wegweiser in einem Birnenbaum: Hier geht es ebenfalls geradeaus weiter. Nach 500 m hört die Asphaltdecke auf und während der Schotter unter den Wanderstiefeln knirscht, bietet sich zur Linken ein schöner Blick zurück nach Gunzenhausen. Nach einem

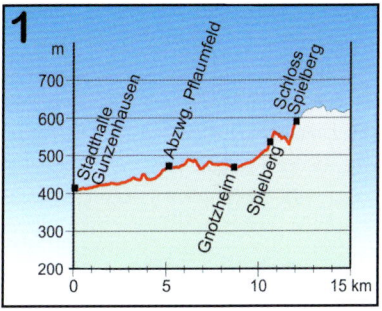

kurzen Zwischenanstieg schweift der Blick über ein abwechslungsreiches Felder- und Wiesen-Patchwork, in das vereinzelt knorrige Bäume eingestreut sind. Voraus leuchten die roten Dächer von **Pflaumfeld** [4 km/1 Std.].

Die Markierungen führen hinunter zu einer Straße, die zur Rechten von einer Reihe Ahornbäume flankiert wird. Laufen Sie hier kurz nach links und biegen Sie dann rechts auf den Betonplattenweg ab. Verlassen Sie diesen nach etwa 500 m und folgen Sie dem geschotterten Feldweg am Waldrand entlang nach rechts [5 km/1 Std. 15 Min.].

Nachdem Sie an der Kreuzung bei der Holzscheune rechts abgebogen sind, taucht am Horizont zum ersten Mal die **Burg in Spielberg** auf, die das Etappenziel markiert. Folgen Sie der Teerstraße am Ende kurz in Richtung **Pflaumfeld** nach links, biegen Sie aber sofort darauf rechts in den Betonplattenweg ein, der von einer Buschreihe begleitet wird [6 km/1 Std. 30 Min.].

Am Heuschuppen wechselt der Belag zu Schotter und kurz darauf führt die Markierung nach rechts in den Wald. Nach gut 1 km ist das kleine Waldgebiet durchquert. Wenden Sie sich nun nach links und laufen Sie am Waldrand entlang über die Wiese. Die **Burg in Spielberg** ist jetzt schon deutlicher zu erkennen [8 km/2 Std.].

Halten Sie sich bei der gelben Wellblech-Halle rechts und steuern Sie die Häuser von **Gnotzheim** an. Bei der von zwei Kastanienbäumen eingerahmten Sitzbank am Jesus-Kreuz vor den ersten Häusern geht es links auf den Betonplattenweg und an der folgenden Kreuzung nach rechts auf die Zwiebelturmkirche von **Gnotzheim** zu. [9 km/2 Std. 15 Min.]

Folgen Sie im Ort der *Sammenheimer Straße* nach rechts und biegen Sie an der nächsten Möglichkeit links ab. Halten Sie sich an der folgenden Gabelung hinter den grünen Silos links. Hinter dem großen Schweinestall führt der Weg wieder durch die Felder und beginnt an Höhe zu gewinnen. Laufen Sie an der folgenden Kreuzung weiter geradeaus und folgen Sie anschließend der Teerstraße in einer Rechtskurve [10,5 km/2 Std. 40 Min.].

Wenden Sie sich an der T-Kreuzung nach rechts und folgen Sie der Straße für 300 m bis zur nächsten Kreuzung. Nach links führt der Gehweg neben der Straße hinauf nach **Spielberg** [11 km/2 Std. 45 Min.].

Am Ortseingang lockt der ✕ Gasthof Gentner mit fränkischer Küche. Um zur Burg zu gelangen, folgen Sie dem Gehweg an der Bushaltestelle vorbei weiter bergan [11,5 km/2 Std. 50 Min.].

✕ **Gasthof Gentner**, Spielberg 1, 91728 Gnotzheim, ☎ 098 33/98 89 30, ✎ info@gasthof-gentner.de, 🖳 www.gasthof-gentner.de (ab € 40)

Gästehaus Sticht, Spielberg 53, 91728 Gnotzheim, ☎ 098 33/16 99, FAX 098 33/55 38, 🍴 Mi bis So und Feiertage 11:30 bis 14:00 und 17:30 bis 21:00 (ab € 25)

🚌 Mehrmals täglich Verbindung zwischen Gunzenhausen und Spielberg mit dem Regionalbus 649 (Fahrpläne unter 🖳 www.vgn.de)

Unterhalb der kleinen Kapelle zeigen die Markierungen schräg nach rechts (wer abkürzen möchte, kann auch einfach weiter auf dem Gehweg neben der Straße bis zur Burg laufen) und führen mit einem grandiosen Ausblick in einem weiten Bogen um den Burgberg herum. Der Blick reicht bis zum Hesselberg, der mit seiner charakteristischen Form unweigerlich an die Elefant-in-der-Schlange-Zeichnung beim Kleinen Prinzen erinnert. Der Weg bleibt für eine ganze Weile auf einer Höhe. An der Gabelung oberhalb des roten Schuppens geht es dann nach links hoch zur **Burg Spielberg** [12 km/3 Std.].

Die letzten Schritte führen steil durch den Wald bergauf bis zur Hauptstraße. Die zweite Etappe des Altmühltal-Panoramwegs verläuft nach rechts weiter, wenige Schritte nach links thront **Burg Spielberg** auf einem Sporn des **Hahnenkamms**, einem etwa 600 m hohen und 20 km langen Mittelgebirgszug der schwäbisch-fränkischen Alb.

Schloss Spielberg, die wehrhafte Burganlage mit ihren 5 m hohen Ringmauern, wacht über den gleichnamigen Ort. 1983 übernahm der Künstler Ernst Steinacker (1919-2008) die marode Burganlage und richtete sein Atelier sowie ein Museum für zeitgenössische Kunst ein, das von der Familie seit seinem Tod fortgeführt wird. Die Figurenwiese vor dem Schloss, der Innenhof und vor allem die Räume der Schlossgalerie geben einen Eindruck von seinem künstlerischen Schaffen.

◆ Nur So 14.00 bis 16.00 oder nach Vereinbarung, ☎ 098 33/357,
  kunstgalerie.schlossspielberg@t-online.de, ☐ www.schlossspielberg.de

Burg Spielberg zeigt die Werke des Künstlers Ernst Steinacker

2. Etappe: Von Spielberg nach Treuchtlingen

⮌ 30 km / ⏳ 8 Std. ↑ 600 m ↓ 770 m

Die 2. Etappe führt zunächst durch das wildromantische Naturwaldreservat der Spielberger Leite. Mit den Steinernen Rinnen bei Wolfsbronn, wo das Quellwasser auf einem natürlich gewachsenen Kalksockel ins Tal plätschert, bietet sich ein nicht ganz alltägliches Naturphänomen, bevor die ausgedehnte Etappe in der Kurstadt Treuchtlingen endet und die Altmühltherme nach einer langen Wanderung zu Wellness und Entspannung einlädt.

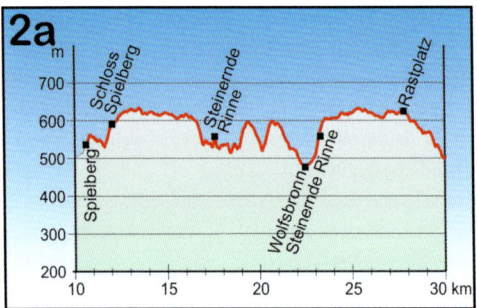

🥾 **Es geht los ...**

Wenden Sie sich am Parkplatz am Ende der Schlosszufahrt auf der Hauptstraße von Spielberg nach rechts und laufen Sie an der zweiten Bushaltestelle des Dorfes vorbei.

Kehren Sie hinter dem Ortsausgang vor der niedrigen Mauer der Straße den Rücken und folgen Sie der weißen Schotterpiste am Waldrand entlang. Zur Linken bietet sich noch einmal ein schöner Blick über die Talebene, dann knickt der Pfad nach rechts ab und führt bergab in das Naturwaldreservat der **Spielberger Leite.** Halten Sie sich an der folgenden Gabelung nach etwa 100 m rechts [2,5 km/35 Min.].

Auf einer schmalen Lichtung trifft von rechts der mit gelb-grünen Wegweisern markierte Quellenweg (QW) auf den Altmühltal-Panoramaweg. Dieser führt nun auf dem Waldweg parallel unterhalb einer Straße weiter, von der vereinzelt Autos zu hören sind [4 km/1 Std.].

Nachdem der Wald lichter geworden ist, laufen Sie die letzten Meter auf einer mit hohem Gras überwucherten Fahrspur und schließlich auf einer breiten Schotterpiste bis zu einem sanft gewellten Hügelplateau mit ausgedehnten

Trockenrasen, die durch Schafbeweidung nahezu busch- und baumlos und ein wichtiger Lebensraum für Schmetterlinge und seltene Pflanzen sind. Der Gelbe Berg, oder **Gelbe Bürg**, ist ein 628 m hoher Berg des Hahnenkammes, der wohl schon in der Jungsteinzeit besiedelt war, wie Funde von Steinbeilen und Hornstein-Pfeilspitzen nahelegen. Im 4. Jahrhundert errichteten die Alemannen eine Gauburg auf dem Berg. Wenden Sie sich an der T-Kreuzung auf der asphaltierten Straße nach rechts und biegen Sie direkt nach dem Überqueren der Staatsstraße 2384 nach links in Richtung **Kurzenaltheim** ab. Die ruhige Asphaltstraße führt bergab. Nach gut 600 m ist der Buchenwald zu Ende und gibt den Blick auf die Dächer von **Kurzenaltheim** frei. Biegen Sie kurz darauf nach rechts auf die Fahrspur am Waldrand ab und genießen Sie die tollen Talblicke [5 km/1 Std. 15 Min.].

Bei der Rastbank kommen von rechts die rot-weißen Markierungen des Frankenwegs aus dem Wald. Folgen Sie diesen für ein paar Schritte, um einen Blick auf die erste, kleinere Steinerne Rinne am Wegesrand zu werfen. Für die Fortsetzung der Wanderung auf dem Altmühltal-Panoramaweg folgen Sie weiter dem Fahrspurweg am Waldrand einmal rund um das Tal herum. Auf der gegenüberliegenden Seite wenden Sie sich schließlich nach rechts, laufen im Wald bergauf, oben in einer Linkskurve weiter und wieder leicht bergab zurück zum Waldrand. Folgen Sie nun der Schotterpiste nach rechts bergan in den Wald [8,5 km/ 2 Std. 10 Min.].

Halten Sie sich an der nächsten Gabelung links. Zunächst bleiben Sie in etwa auf einer Höhe, dann senkt sich der Weg hinunter zu einem Holzlagerplatz an der Kreuzung mehrerer Forstwege. Sie laufen geradeaus weiter bergab [9 km/1 Std. 15 Min.].

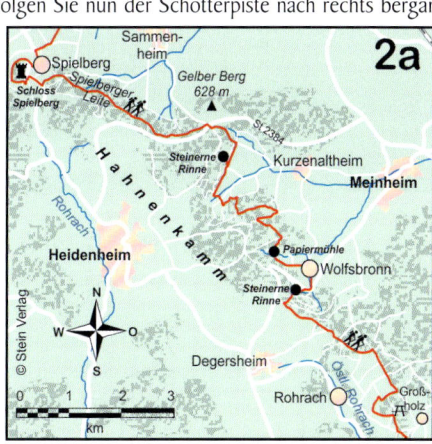

Wenden Sie sich an der Kreuzung bei der Papiermühle links und laufen Sie an den Gebäuden vorbei auf der Schotterpiste am Waldrand talwärts [10 km/2 Std. 30 Min.].

Am Brunnen in der Ortsmitte von **Wolfsbronn** können Sie die Trinkflasche auffüllen oder im Gasthaus einkehren, bevor Sie den Weg nach rechts auf der Straße fortsetzen. Vorbei an einer schönen Streuobstwiese am Ortsausgang gelangen Sie auf eine breite Straße, wo Sie nach rechts über den Parkplatz weiterlaufen [11 km/2 Std. 45 Min.].

Trinkwasserbrunnen in Wolfsbronn

✕ **Gasthaus Steinerne Rinne**, Wolfsbronn 15, 91802 Meinheim, ☎ 091 46/734,
 🗋 Mo bis Mi 9:00 bis 22:00, Fr bis So 9:00 bis 23:00

Biegen Sie bei der Rastbank am Ende des Parkplatzes links in den Wald ab und erklimmen Sie die Holzstufen, die neben der **Steinernen Rinne** bergauf führen. Laufen Sie neben der Rinne entlang und am Ende der Holzabsperrung weiter geradeaus durch den Wald [11,5 km/3 Std.].

Steinerne Rinnen

Die Steinerne Rinne bei Wolfsbronn ist ein Naturschauspiel der besonderen Art: Auf einer Länge von fast 130 m plätschert neben dem Weg eine Quelle nicht wie üblich in einem Bachbett, sondern auf einem über 1,5 m hohen Kalksockel ins Tal. Das Phänomen hat seinen Ursprung im Kalkgestein des Hahnenkamms: Tritt das kalkhaltige Wasser aus dem Untergrund an die Luft, so scheidet sich der Kalk ab und das fließende Wasser baut sich einen eigenen Sockel, der Jahr für Jahr weiter in die Höhe wächst, statt sich wie üblich durch Erosion ein Bachbett in den Untergrund zu schneiden.

Steinerne Rinne bei Wolfsbronn

Wenden Sie sich am Ende auf der Schotterpiste nach links. Verlassen Sie die Piste nach etwa 800 m vor der Rechtskurve (Wegweiser „Schlaufenweg 3/Hahnenkamm") und marschieren Sie weiter geradeaus - erst durch den Wald und dann zwischen Wald- und Feldrand weiter [14 km/3 Std. 45 Min.].

Bei der größeren Wiesenlichtung im Wald zur Linken geht es nach rechts am Waldrand weiter. Sie laufen auf der Seite der Ackerfläche, die gegenüber von der Seite liegt, an der Sie gekommen sind, zurück, bis Sie in einer Kurve auf eine landwirtschaftliche Schotterpiste treffen, auf der Sie sich nach links wenden [15 km/3 Std. 55 Min.].

Sie erreichen einen kleinen Rastplatz mit Bank und Tisch. Die Markierungen führen Sie nun nach links auf eine Piste, die etwa 200 m oberhalb von einer Schotterstraße verläuft. Nach etwa 500 m biegt die Piste nach rechts ab. Sie laufen weiter geradeaus und der Pfad mündet in die bereits bekannte

Schotterpiste, in die Sie nach links einbiegen. Halten Sie sich an der folgenden Gabelung rechts. Biegen Sie dann auf die Fahrspur im Wald ab, die bald zu einem Waldweg wird, der in einem Bogen hinab zu einer größeren Straße führt [17,5 km/4 Std. 35 Min.].

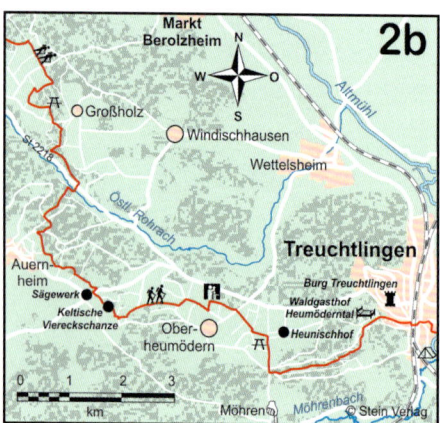

Laufen Sie 100 m nach dem Überqueren der Straße hinter der Brücke über den schmalen Graben nach rechts und bleiben Sie auch an der folgenden Gabelung nach etwa 200 m auf der Schotterpiste, die nun eine Linkskurve beschreibt. An der nächsten Gabelung geht es nach rechts weiter und die Piste gewinnt leicht an Höhe [18 km/4 Std. 45 Min.].

Wenden Sie sich an der T-Kreuzung nach links, laufen Sie weiter bergan und an der folgenden Kreuzung nach etwa 100 m weiter geradeaus [km 18,5/ 4 Std. 55 Min.].

Biegen Sie rechts in die Straße ein und 200 m weiter am Holzlagerplatz dann links auf die Schotterpiste ab (folgen Sie hier der Straße weiter geradeaus, wenn Sie in **Auernheim** einkehren oder übernachten möchten) und laufen Sie am Waldrand weiter, um dann etwa 100 m vor einer Hecke schräg nach links in den Wald zu gelangen [20,5 km/5 Std. 20 Min.].

Auernheim

🛏 **Privatpension Elke Wittmann**, Kurzgasse 2, 91757 Treuchtlingen-Auernheim, ☎ 091 42/58 23 (ca. € 14)

♦ **Privatpension Gerda Simon**, Auf der Sünd 23, 91757 Treuchtlingen-Auernheim, ☎ 091 42/86 74 (ca. € 15)

🏃🏃 Laufen Sie zwischen Feld- und Waldrand weiter in Richtung Sägewerk und biegen Sie auf Höhe des Sägewerks nach rechts zur Straße ab. Nach dem Überqueren der Straße geht es auf der Schotterpiste am Feldrand weiter. Halten Sie sich an der folgenden Gabelung nach 200 m zunächst rechts, verlassen Sie aber wenige Schritte später die Piste und folgen Sie dem Pfad am Feldrand [21 km/5 Std. 30 Min.].

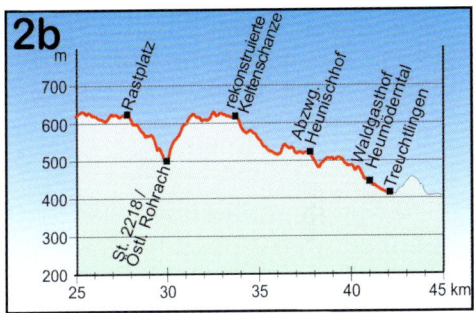

Laufen Sie entgegen dem Uhrzeigersinn um die rekonstruierte **keltische Viereckschanze** mit der Inschrift „Cernubona" auf der Holzpforte und biegen Sie dahinter rechts in den Wald. Nach nur 100 m geht es links am Feldrand weiter und in einer Rechtskurve bergab. Wenden Sie sich an der Stromleitung nach links und laufen Sie zwischen den Häusern hindurch zur Straße, in die Sie nach links einbiegen [22 km/5 Std. 45 Min.].

Wenden Sie sich bei dem Hochsitz in der Kurve vor dem frei stehenden Haus nach rechts. Der Weg führt mit schöner Aussicht leicht bergan bis zu einem Betonplattenweg, dem Sie für etwa 200 m nach links folgen. Laufen Sie dann unten bei der Sitzbank in der Kurve weiter auf der Trecker-Fahrspur geradeaus und nach nur wenigen Schritten nach rechts auf den Pfad zwischen den Feldern [23 km/6 Std.].

Biegen Sie an der markanten Baumgruppe in etwa auf Höhe der Häuser von **Oberheumödern** zur Rechten nach links auf die geschotterte Treckerspur, die leicht bergan führt, und wenden Sie sich vor dem Hochsitz am Waldrand nach rechts [24 km/6 Std. 15 Min.].

Überqueren Sie die Straße und folgen Sie dem Pfad zwischen den Feldern. Nach etwa 400 m ist eine breite Schotterpiste erreicht, auf der Sie für ein paar Schritte nach rechts laufen, sich dann aber gleich darauf nach links wenden und die Wanderung durch die Felder bis zu einer Baumgruppe fortsetzen. An dieser wenden Sie sich auf der Schotterpiste nach rechts [25,5 km/6 Std. 45 Min.].

An der Kreuzung etwa 600 m hinter dem gemütlichen Rastplatz folgen Sie zunächst dem Wegweiser nach **Möhren** geradeaus, biegen dann aber nach 50 m links auf die Schotterpiste ab, der Sie ebenfalls sofort am Kurvenanfang den Rücken kehren, um die Tour auf dem schmalen Waldpfad fortzusetzen.

 Dort, wo der Waldpfad in einen etwas breiteren, grasbewachsenen Weg übergeht, heißt es aufgepasst: Die Markierungen führen nach links auf einen überwucherten Pfad, der leicht zu übersehen ist.

Unten entlassen Sie die Markierungen an einer Sitzbank neben einer Schotterpiste. Spazieren Sie hier nach links am Zaun des Dammwildgeheges entlang [28 km/7 Std. 15 Min.].

Nach etwa 500 m erreichen Sie den Parkplatz am Waldgasthof Heumöderntal, von wo aus Sie die *Uhlbergstraße* zu den ersten Häusern sowie dem jüdischen Friedhof von Treuchtlingen bringt [28,5 km/7 Std. 30 Min.].

🛏️   **Waldgasthof Heumöderntal**, Uhlbergstraße 54, 91757 Treuchtlingen, ☎ 091 42/38 32 (ca. € 25)

Halten Sie sich an der Kreuzung vor der ✕ Pizzeria La Piccola rechts und laufen Sie unter den Bahnschienen durch. An der folgenden Kreuzung hinter dem Supermarkt geht es rechts zur △ Zeltmöglichkeit am Bootsrastplatz. Die Markierungen führen zunächst weiter nach links und dann am ersten Springbrunnen rechts zu einem zweiten Springbrunnen auf dem Marktplatz in der Ortsmitte von **Treuchtlingen**.

Treuchtlingen   (13.000 Ew.)

🛈   Siehe ☞ ♟ Stadtschloss S. 46

△   **Zelt- und Bootsrastplatz**, Kanalstraße, ☎ 01 70/304 02 96

- **Ferienhaus am Schlossberg**, Hans-Sachs-Straße 33, 91757 Treuchtlingen, ☎ 091 42/22 45, ✉ info@ferienhaus-am-schlossberg.de, 🖥 www.ferienhaus-am-schlossberg.de (ca. € 22)
- **Pension E. Tschernach**, Siedlungsstraße 5, 91757 Treuchtlingen, ☎ 091 42/36 23 (ca. € 24)
- **Hotel-Gästehaus Stadthof**, Luitpoldstraße 27, 91757 Treuchtlingen, ☎ 091 42/969 60, ✉ stadthof@online.de, 🖥 www.gaestehaus-stadthof.de (ca. € 47)
- **Hotel Krone**, Bahnhofstraße 30, 91757 Treuchtlingen, ☎ 091 42/37 02 (ca. € 40)
- **Altmühlhotel**, Bahnhofstraße 40, 91757 Treuchtlingen, ☎ 091 42/204 48 09, ✉ info@altmuehlhotel.de, 🖥 www.altmuehlhotel.de (ca. € 35)
- **Altmühltherme**, Bürgermeister-Döbler-Allee 12, 91757 Treuchtlingen, ☎ 091 42/960 20, ✉ info@altmuehltherme.de, 🖥 www.altmuehltherme.de, 🕐 Mo, Sa, So und Feiertage 9:00 bis 20:00, Di bis Do 9:00 bis 21:00, Fr 9:00 bis 22:00

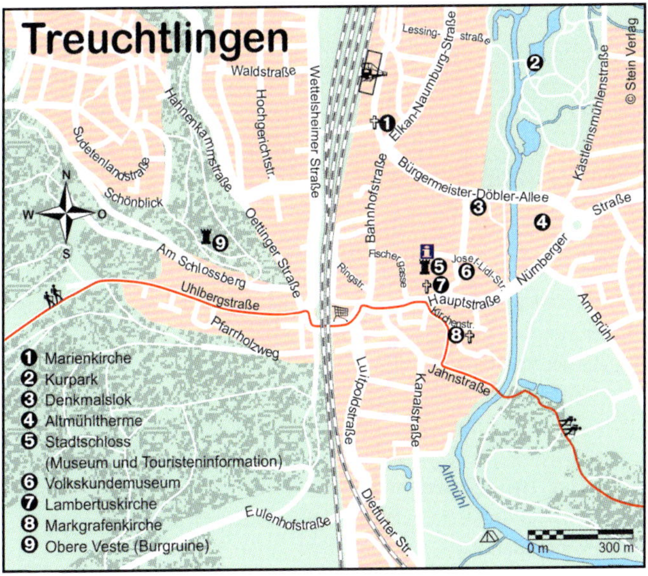

Treuchtlingen

1 Marienkirche
2 Kurpark
3 Denkmalslok
4 Altmühltherme
5 Stadtschloss (Museum und Touristeninformation)
6 Volkskundemuseum
7 Lambertuskirche
8 Markgrafenkirche
9 Obere Veste (Burgruine)

© Stein Verlag

0 m   300 m

♜ ▣ **Stadtschloss mit Kur- und Touristinformation** sowie **Informationszentrum des Naturparks Altmühltal**, Ausstellungen zur Geschichte und Entwicklung der Kulturlandschaft der Region, umfangreiche Fossiliensammlung und Posamenten-Museum (🕐 Mo bis Fr 9:00 bis 12:00) mit viel Wissenswertem zur Fabrikantenfamilie Aurnhammer und über die Bortenmacherindustrie.

♦   Heinrich-Aurnhammer-Straße 3, 91757 Treuchtlingen, ☎ 091 42/96 00 60,
          ✍ tourismus@treuchtlingen.de, 🖥 www.treuchtlingen.de

Das Stadtschloss Treuchtlingen beherbergt die Kur- und Touristinformation sowie ein Informationszentrum des Naturparks Altmühltal

⌘   **Volkskundemuseum**, umfangreiche volkskundliche Sammlung mit Möbeln vom 17. bis 19. Jahrhundert sowie stein- und bronzezeitlichen Funden aus der Region

♦   Heinrich-Aurnhammer-Str. 12, 91757 Treuchtlingen, ☎ 091 42/96 00 60, 🕐 Mitte
          April bis Mitte Okt. Mi bis Fr und So 15:00 bis 18:00, Führungen Mo bis Mi 11:00

♜   **Burg Treuchtlingen** am Schlossberg, restaurierte Burgruine mit toller Aussicht. Den Schlüssel für den Bergfried gibt es gegen Kaution in der Touristeninformation.

An der sogenannten „Treuchtlinger Pforte" erreicht die bis dahin in einem breiten Tal als Wiesenfluss dahinströmende Altmühl das Fränkische Jura und fortan säumen beeindruckende Felsformationen das enger werdende Tal. Als wichtiger Eisenbahnknotenpunkt spielte Treuchtlingen im 19. Jahrhundert eine wichtige Rolle bei der Industrialisierung Bayerns. Heute bestimmt der Fremdenverkehr das Wirtschaftsleben der beschaulichen Kurstadt. Gleich zwei staatlich zertifizierte Heilquellen speisen mit heißem Wasser aus einer Tiefe von 800 m die Thermalbecken der modernen Altmühltherme mit ihren fünf Innen- und einem Außenbecken.

Seit der Mitte des 12. Jahrhunderts thront die Obere Veste hoch auf einem Bergsporn westlich der heutigen Stadt. Die sanierte Burgruine ist ein beliebtes Ausflugsziel und bietet einen tollen Blick über Treuchtlingen und die Altmühl. In der Stadtmitte beherbergt das Stadtschloss im Renaissance-stil die Touristeninformation und eine Ausstellung des Naturparks. Einst wurde hier der General Heinrich von Pappenheim geboren, der das Vorbild für den zum Sprichwort gewordenen Ausspruch „Daran erkenn ich meine Pappenheimer" in Schillers Drama „Wallenstein" war.

Entlang der Altmühl lädt seit einer Flussrenaturierung 1996 der von Wasser durchzogene Kurpark mit zahlreichen Skulpturen zu einem Spaziergang ein. Im Pavillon in der Parkmitte finden den Sommer über klassische Konzerte statt.

3. Etappe: Von Treuchtlingen nach Solnhofen

⮂ 16 km/ ⏳ 4 Std. ⬆ 350 m ⬇ 330 m

Auf der 3. Etappe bekommt der Wanderer die Altmühl erstmals häufiger zu Gesicht. Vom Treuchtlinger Ortsteil Dietfurt geht es durch Wald und über eine Hochebene nach Pappenheim, das von seiner mächtigen Burg bewacht wird. Auf dem Weg nach Solnhofen macht der Altmühltal-Panoramaweg seinem Namen dann alle Ehre und verläuft hoch über einer Schleife der Altmühl durch die Wacholderheide am Zimmerner Hang.

Es geht los ... Die Etappe beginnt am Marktplatz in der Ortsmitte von **Treuchtlingen**, wo Sie nach rechts auf die Kirchenstraße abbiegen, vorbei an Pizzeria und griechischem Restaurant. Rechts an der Markgrafenkirche gelangen Sie auf der Straße *Am Schulhof* zum Feuerwehrturm. Davor geht es nach links, an der Stadthalle vorbei bis zur Brücke über die Altmühl und anschließend in einem Rechtsbogen durch den Wald bergauf [750 m/10 Min.].

An der **Burgstall-quelle**, einer der beiden Thermalquellen von Treuchtlingen, kann man vom schweißtreibenden Anstieg verschnaufen. Anschließend laufen Sie weiter durch den Wald bis zu einer Sitzgruppe an einer offenen Wiese bergan. Der Weg ist jetzt auch als „Erlebnis-Vital-Pfad" markiert, der modernen Variante des klassischen Trimm-Dich-Pfads. Am Wegesrand laden mehrere Schutzhütten und Sitzbänke zur Rast ein, dann führt der Weg in einigen Serpentinen bergab und erreicht schließlich eine Schotterpiste. Nach einer kurzen Strecke am Altmühlufer beschreibt der Weg einen Schlenker nach links und mündet nach einer Rechtskurve in eine Teerstraße, auf der Sie geradeaus in Richtung der stark befahrenen Bundesstraße weiterlaufen [2,5 km/40 Min.].

Von der Holzbrücke über den kleinen Bach fällt der Blick zur Rechten auf die gelb zwischen den Bäumen leuchtende Johannes-Kirche in **Dietfurt**. Folgen Sie anschließend dem Radweg neben der B2 nach rechts und laufen Sie direkt hinter dem Ortsschild, noch vor der Altmühl, nach rechts durch die Straßenunterführung (geradeaus wäre nach wenigen Schritten das Ortszentrum von Dietfurt erreicht) [3,5 km/50 Min.].

Dietfurt

✗   **Restaurant Enten Stub'n**, Unterdorf 2, 91757 Treuchtlingen OT Dietfurt,
☎ 091 42/67 07, 🍴 Mi bis So 11:30 bis 23:30

🛏   **Pension Brigitte Friedrich**, Sommerhausstraße 5, 91757 Treuchtlingen OT
Dietfurt, ☎ 091 42/53 32 (ca. € 20)

Der heute etwa 450 Einwohner zählende Ortsteil von Treuchtlingen entstand an einem Altmühlübergang, den schon die Römer nutzten und der als
„via publica" allen Bürgern zur Verfügung stand, woraus sich der Ortsname
als „Siedlung an der allgemeinen Furt" ableiten lässt.

🚶🚶   Folgen Sie
bei den Häusern
nicht den auffälli-
gen Radwegmar-
kierungen nach
rechts ans Alt-
mühlufer, sondern
laufen Sie auf der
Schneckenhofener

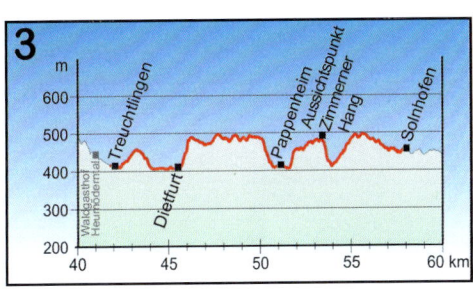

Straße geradeaus weiter. Biegen Sie dann am Wegweiser zum Sportplatz
nach rechts auf die *Sommerhausstraße* ab. Halten Sie sich an der nächsten
Gabelung links, laufen Sie dann vor dem Straßenschild „Galgenberg" nach
rechts weiter bergan und gleich hinter den Häusern vor der Hecke nach links.
Nach etwa 150 m geht es nach rechts hoch zu den Sportanlagen des TSV
Dietfurt [4 km/1 Std.].

Folgen Sie der Teerstraße vorbei an Spielplatz und Fußballfeldern. Wenden
Sie sich an der folgenden Kreuzung für 50 m nach rechts, biegen Sie dann
schräg links auf die Schotterpiste und laufen Sie für etwa 2 km am Waldrand
weiter [6 km/1 Std. 30 Min.].

Nachdem der Weg eine Linkskurve durch den Wald gemacht hat, überqueren Sie bei einer Sitzgruppe mit Infotafel die Straße und biegen nach
rechts auf die mit einer Schranke abgesperrte Forstpiste. An der großen

Kreuzung von vier Waldwegen geht es nach rechts (Wegweiser „Adam & Eva-Weg") an einer Sitzbankgruppe vorbei und dann begleitet von einem Geländer nach rechts steil bergab [8 km/2 Std.].

Biegen Sie bei den ersten Häusern von **Pappenheim** nach links auf die *Bürgermeister-Rudwik-Straße* und beim Stoppschild an der nächsten Kreuzung nach rechts, um zur Ortsmitte von **Pappenheim** zu gelangen. Laufen Sie dann auf dem Marktplatz hinter der Altmühlbrücke bei der Apotheke gegenüber vom **Neuen Schloss** auf die Hauptstraße von Pappenheim.

Burg Pappenheim

Pappenheim   (4.000 Ew.)

| | **Touristinformation Pappenheim**, Stadtvogteigasse 1, 91788 Pappenheim, ☎ 091 43/606 66, ✍ touristik@pappenheim.de, 🖳 www.pappenheim.de |

| | **Naturcamping Pappenheim**, Badweg 1, 91788 Pappenheim, ☎ 091 43/12 75, ✍ info@camping-pappenheim.de, 🖳 www.camping-pappenheim.de, 🚩 April bis Okt. |

| | **Landgasthof Grüner Baum**, Dr.-Dr.-Bertha-Kipfmüllerstraße 4, 91788 Pappen-heim, ☎ 091 43/258, ✍ mail@gruenerbaum-pappenheim.de, 🖳 www.gruenerbaum-pappenheim.de (ca. € 29) |

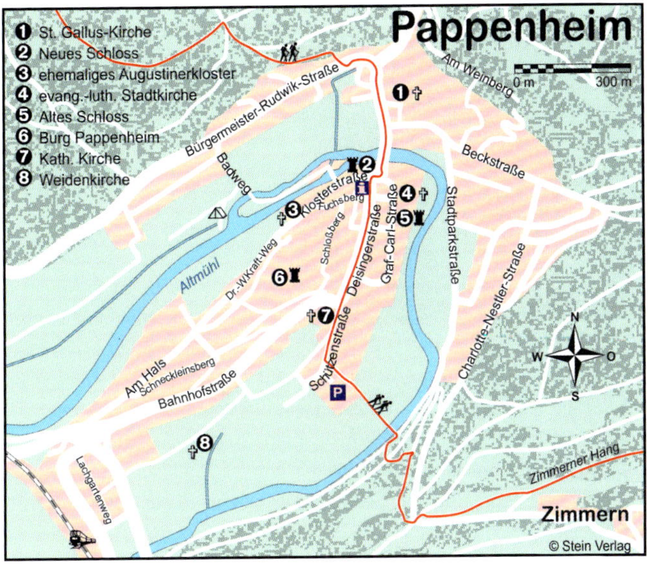

Pappenheim

1. St. Gallus-Kirche
2. Neues Schloss
3. ehemaliges Augustinerkloster
4. evang.-luth. Stadtkirche
5. Altes Schloss
6. Burg Pappenheim
7. Kath. Kirche
8. Weidenkirche

0 m   300 m

© Stein Verlag

♦ **Gästehaus Engeler**, Deisingerstraße 42, 91788 Pappenheim,
☎ 091 43/83 73 30, ✉ info@gaestehaus-engeler.de,
🖥 www.gaestehaus-engeler.de (ca. € 24)

♦ **Hotel-Gasthof Zur Sonne**, Deisingerstraße 20, 91788 Pappenheim,
☎ 091 43/83 78 37, ✉ info@sonne-pappenheim.de,
🖥 www.sonne-pappenheim.de (ab € 30)

♦ **Historischer Gasthof Zum Goldenen Hirschen**, Marktplatz 4, 91788 Pappenheim, ☎ 091 43/434, ✉ info@gasthof-zum-goldenen-hirschen.de,
🖥 www.gasthof-zum-goldenen-hirschen.de (ab € 33)

Burg Pappenheim, zweihöfige Burganlage mit Vor- und Hauptburg.
Alle Sehenswürdigkeiten der Burg siehe ☞ S. 52/53.

♦ Dr.-Wilhelm-Kraft-Weg 15, 🎫 vom Beginn der bayerischen Osterferien bis zum
Ende der bayerischen Herbstferien, Kontakt: Gräflich Pappenheim'sche Verwal-
tung, Marktplatz 5, 91788 Pappenheim, ☎ 091 43/838 90,
✉ info@grafschaft-pappenheim.de, 🖥 www. grafschaft-pappenheim.de

Erlebnisburg Pappenheim

Eine wahre Erlebnisburg thront in Pappenheim auf einem Bergsporn über der Altmühl: Die Burg bietet ein breit gefächertes Besichtigungsangebot und ist Schauplatz abwechslungsreicher Veranstaltungen.

Burg Pappenheim aus der Luft

Beim Pappenheimer Ritterwochenende, immer am letzten Juni-Wochenende, hauen und stechen sich die Edlen am Tage, und unter Fackelschein beim Nachtturnier, zu Sieg und Niederlage. Das Ritterturnier mit dem großen Mittelaltermarkt, zu dessen Attraktionen unter anderem echte Kanonen, die auch abgefeuert werden, gehören, ist mitlerweile das einzige Mittelalterturnier im Naturpark Altmühltal. Turniere und Kinderturniere finden tagsüber am Samstag und am Sonntag statt und als Höhepunkt das Nachtturnier am Samstag. Ein Tipp: Wer im historischen Gewand erscheint, erhält beim Eintritt einen Euro Preisnachlass.

Die Messe mit Sammlern von Trödel und Antiquitäten, immer am letzten Septemberwochenende, ist das Ziel für viele Besucher von nah und fern. Unter dem Titel „Antikes und Kurioses" bieten die Händler ausschließlich Waren historischen Charakters an.

Die Burgkapelle

An den ersten zwei Adventswochenenden wird es romantisch auf Burg Pappenheim. Durch die einzigartige Beleuchtung der gesamten Anlage mit Hunderten von Fackeln wurde die Pappenheimer Burgweihnacht unter die hundert schönsten Weihnachtsmärkte Deutschlands gewählt.

Der Kräutergarten (750 Arten) und botanische Garten (1.300 Arten), das Historische Museum, das Natur- und Jagdmuseum sowie die Folterkammer erzählen von der Geschichte Pappenheims. Die Burg selbst ist ein Museum - allerdings ein sehr lebendiges: Geschichte erlebt man hier am Original-schauplatz wie auch im Freien.

Im Natur- und Jagdmuseum steht für Kinder ein Greifkasten bereit, in dem natürliche Materialien wie Hölzer, Rinden, Felle und Früchte zu ertasten sind. Von allen unter das Jagdgesetz fallenden Tieren können die Laute per Knopf-druck abgerufen werden.

Die historischen Räume - Burgkapelle, Fachwerk-, Ahnen- und Wappensaal - vermitteln einen anschaulichen Ein-druck von repräsentativen Räumen einer Burg. Diese Räume können auch für Hochzeiten und andere Feiern gemietet werden.

Der Wappensaal

Zur Geschichte des Justizstrafvollzugs lässt sich in der Folterkammer an Folterwerkzeugen dieser unerfreuliche Irrweg der Justizgeschichte erleben.

Die Dauerausstellung zur Geschichte der Pappenheimer umfasst 32 Schau-tafeln und reicht vom 8. bis zum 19. Jahrhundert.

Zusätzlich gibt es auch noch den Historischen Gasthof - Hotel Garni „Zum Goldenen Hirschen". Direkt am historischen Marktplatz und dem Neuen Schloss gelegen, bietet dieser Gasthof den stilvollen Rahmen zum romantischen Übernachten mit Frühstück.

Für große Veranstaltungen öffnen Burg und Gasthof natürlich auch außer-halb der Saison gerne ihre historischen Türen.

Alle Kontaktdaten finden Sie unter ☞ Burg Pappenheim, S. 51.

Pappenheims Altstadt, die sich malerisch in eine Flussschleife der Altmühl schmiegt, hat den Lauf der Zeit inmitten der mittelalterlichen Stadtmauer nahezu unbeschadet überstanden. Trotz der überschaubaren Größe gibt es eine ganze Reihe von sehenswerten Bauwerken zu bewundern, was das Städtchen am Fuß der wehrhaften Burg den Pappenheimer Grafen verdankt, die als Reichserbmarschälle des „Heiligen Römischen Reiches Deutscher Nation" über das gesamte Mittelalter eine bedeutende Stellung innehatten.

Schöne Bürgerhäuser und die beiden Schlösser bestimmen das Bild der Altstadt. Das sogenannte Alte Schloss war im 16. Jahrhundert der erste Schlossbau der damaligen Residenzstadt und dient bis heute als Wohnsitz der Familie. Das Neue Schloss entstand in der ersten Hälfte des 19. Jahrhunderts nach Plänen des bayerischen Hofarchitekten Leo von Klenze, der an der Stelle zweier gräflicher Stadthäuser einen Dreiflügelbau mit einer schlichten Fassade im Stil des Klassizismus errichtete.

Das älteste Bauwerk der Stadt ist die St.-Gallus-Kirche, deren Gemäuer bis ins 9. Jahrhundert zurückreichen. Sie zählt zu den ältesten Sakralbauten in Franken und erinnert an den Ursprung der Stadt, die 802 erstmals in einer Schenkungsurkunde des Schweizer Klosters St. Gallen erwähnt wird.

Hoch über der Altstadt wacht die Burg mit ihrem imposanten Bergfried. Seit 1258 ist sie die Stammburg der Grafen von Pappenheim. Ein Besuch des Wahrzeichens der Stadt lohnt sich nicht nur wegen des phänomenalen Ausblicks, sondern auch wegen des Burgmuseums, der Folterkammer, den Greifvogel-Flugvorführungen und dem botanischen Garten.

🚶‍♂️🚶 Unter Aufsicht der mächtigen Pappenheimer Burg, die hoch zur Rechten thront, passieren Sie die katholische Kirche. Halten Sie sich an der Gabelung hinter dem Biergarten am ✕ Gasthaus Zur Linde vor dem Eingang zum Freibad links [9 km/2 Std. 15 Min.].

Laufen Sie am Gebäude des Turnverein „1861 Pappenheim" und an dem Sportplatz vorbei und wechseln Sie über die Brücke ans linke Altmühlufer. Hier geht es für ein paar Schritte nach rechts und gleich darauf am Geländer nach links auf einem schmalen Pfad bergan. Wenden Sie sich oben nach links, aber laufen Sie dann nicht auf der Schotterpiste weiter, sondern nehmen Sie an dem Rastplatz mit Tisch und Bänken den Trampelpfad durch die Wacholderheide [10 km/2 Std. 30 Min.].

Blick über den Trockenrasen am Zimmerner Hang

Setzen Sie am Ende die Wanderung nach links auf dem schmalen Schotterpfad fort, der mit tollen Ausblicken über die sich sanft durch das Tal schlängelnde Altmühl begeistert [11 km/2 Std. 45 Min.].

Beginnen Sie am Geländer oberhalb der Dächer der kleinen Ortschaft den Abstieg nach **Zimmern** über Treppenstufen und Serpentinen. Halten Sie sich unten zunächst nach rechts und wandern Sie bis zum Ortseingang an der Hauptstraße.

Wenden Sie sich hier nach rechts, um zur Ortsmitte von **Zimmern** zu gelangen:

☛ **Gasthof Zum Hollerstein**, Zimmern 32, 91788 Pappenheim OT Zimmern, ☎ 091 43/753, ✉ info@hollerstein.de, 🖥 www.hollerstein.de (ca. € 25)

Um die Wanderung nach Solnhofen fortzusetzen, folgen Sie dem Radweg an der Straße nach links [11,5 km/2 Std. 55 Min.].

Laufen Sie hinter dem Kreisverkehr auf der Schotterpiste parallel zur Straße und Altmühl weiter. Der Pfad schraubt sich auf dem folgenden Kilometer im schattigen Wald in die Höhe [12,5 km/ 3 Std. 10 Min.].

Setzten Sie die Tour an der Gabelung beim letzten Gatter des Wildgeheges nach links fort und folgen Sie der breiten Schotterpiste in ungefähr gleichbleibender Höhe durch den Wald. Halten Sie sich an der breiteren Kreuzung bei der Rastbank rechts und verlassen Sie 100 m weiter die Piste auf dem Trampelpfad. Dieser führt vorbei an mehreren einladenden Pausenbänken mit Blick über **Solnhofen** quer zum Hang langsam talwärts [15 km/ 3 Std. 45 Min.].

Blick auf Solnhofen

Überqueren Sie am Ende den Spielplatz und laufen Sie hinter der Sandkiste beim Stromkasten zwischen den Zäunen auf der *Karl-Högner-Straße* weiter. An der Kreuzung vor dem Tennisverein rechts haltend erreichen Sie einen Wanderparkplatz [15,5 km/3 Std. 50 Min.].

Etwa 200 m weiter weist die Markierung des Altmühltal-Panoramawegs nach links. Um die Etappe in **Solnhofen** zu beenden, laufen Sie weiter bergab und folgen hinter der Fußgängerampel der Straße *Am Gsteig* vorbei an Eiscafé und Museumscafé bis zum ✂ Gasthaus Solnhofer Stüberl. Auf der gegenüberliegenden Seite der Brücke über die Altmühl biegt hinter den Gleisen die *Bahnhofstraße* ab, an der Sie ⌘ Museum, 🚹 Tourist-Information und einen kleinen 🛒 Lebensmittelladen finden. Den ⛺ Zeltplatz erreichen Sie, wenn Sie den Schienen entlang des Altmühlufers nach dem Bahnhof für 500 m weiter folgen.

Solnhofen

(1.700 Ew.) 🚹 🛏 ⛺ 🍴 💻 🚉 🚌

🚹 **Gemeinde Solnhofen**, Bahnhofstraße 8, 91807 Solnhofen, ☎ 091 45/832 00,
📧 gemeinde@solnhofen.de, 💻 www.solnhofen.de, 🕐 Mo bis Fr 9:00 bis 12:00

⛺ **Naturcamping AktivMühle**, Eßlinger Str. 3, 91807 Solnhofen,
☎ 091 45/83 68 18, 📧 info@lemmingtours.de, 💻 www.aktivmuehle.de

🛏 ✂ **Hotel Adler** und **Gaststätte Zum verkauften Großvater**,
Pappenheimer Straße 5, 91807 Solnhofen, ☎ 091 45/831 10,
📧 info@adler-solnhofen.de, 💻 www.adler-solnhofen.de (ca. € 40)

🛏 **Gästehaus Hertrich**, Sonnenstraße 7, 91807 Solnhofen, ☎ 091 45/12 85
(ca. € 20)

🛒 **Lebensmittel Thoma**, Bahnhofstraße 1, 91807 Solnhofen, ☎ 091 45/349

⌘ **Museum Solnhofen**, Lithografie und Solnhofener Erdgeschichte
♦ Bahnhofstraße 8, 91807 Solnhofen, ☎ 091 45/83 20 30,
💻 www.museum-solnhofen.de, 🕐 April bis Okt. tgl. 9:00 bis 17:00, Nov. bis
März So 13:00 bis 16:00   *Anzeige*

In dem kleinen Örtchen locken gleich mehrere nette Biergärten oder Cafés direkt neben oder über dem Altmühlufer und der Tourismus widmet sich ganz dem Motto „Die Welt in Stein". Der in der Region abgebaute Solnhofener Plattenkalk wird seit Jahrhunderten als Boden- und Treppenbelag geschätzt und eignet sich außerdem durch seine strukturierte Oberfläche besonders gut für die Lithografie. Dieses gegen Ende des 18. Jahrhunderts entwickelte Flachdruckverfahren, bei dem Kalkschiefer als Druckplatte zum Einsatz kommt, ist der Urahn der heute gängigen Offset-Drucktechniken.

Das Solnhofener Museum zeigt unter anderem die Anfänge des Flachdrucks

Der Steindruck brachte Solnhofen zusätzlich archäologischen Weltruhm ein, denn im Jahr 1860 fand Hermann von Meyer in den Solnhofener Plattenkalken eine versteinerte Feder und prägte für den dazugehörigen, etwa taubengroßen Urvogel den bis heute üblichen Gattungsnamen Archaeopteryx. Die Entdeckung des Archaeopteryx sorgte für einen vehementen Streit zwischen den Verfechtern der Schöpfungslehre und der nur ein Jahr zuvor aufgestellten Evolutionstheorie von Charles Darwin. Bis zur Entdeckung des Archaeopteryx war sich die Wissenschaft einig, dass sich die Vögel erst nach dem Ende der Flugsaurier entwickelt hatten. Der Urvogel war nun aber eine Übergangsform, die mit dem bezahnten Kiefer und den Schwungfedern gleichzeitig sowohl Merkmale der alten als auch der neuen Art aufwies und damit Darwins Theorie bestätigte.

Das als Bürgermeister-Müller-Museum bekannte Solnhofener Museum im Rathaus in der Bahnhofstraße informiert über die Geschichte des Steindrucks und zeigt eine umfangreiche Fossiliensammlung mit versteinerten Tieren und Pflanzen aus der Jurazeit. Zu sehen gibt es z.B. Urvögel sowie Flug- und Fischsaurier.

Nur wenige Meter vom Rathaus entfernt zeigt die Sola-Basilika neben der Brücke über die Altmühl anschaulich die Kirchengeschichte vom 7. Jahrhundert bis zum Abbruch der Basilika im Jahre 1783. Die Ausgrabungen förderten neben den Grundmauern die Reste von insgesamt fünf übereinanderliegenden Kirchenbauten zu Tage.

4. Etappe: Von Solnhofen nach Dollnstein

⊃ 18 km/ ⧖ 4 Std. 30 Min. ↑ 445 m ↓ 485 m

Die Etappe beginnt im wahrsten Sinne des Wortes mit einem Höhepunkt, denn gleich hinter Solnhofen sind die 12. Apostel erreicht. Bizarr ragen die zwölf Kalksteinfelsen als Riff-Überbleibsel des urzeitlichen Jurameeres aus dem steil zur Altmühl hin abfallenden Hang.

Anschließend geht es auf einer Brücke über die Altmühl und hinauf zum Betriebsgelände des einstigen Solnhofener Aktienvereins, wo bis heute der berühmte Plattenkalk abgebaut wird, und weiter nach Mörnsheim im Gailachtal. Nachdem der Anstieg über eine waldreiche Kuppe gemeistert ist, kann man sich im Biergarten am Bootsrastplatz in Hagenacker für die verbleibende Strecke bis zum Etappenziel Dollnstein stärken.

🚶🚶 **Es geht los ...**
Von der Altmühlbrücke in der Ortsmitte schlagen Sie den vom Vortag bekannten Weg zurück in Richtung Wanderparkplatz ein. Kurz davor laufen Sie auf der *Römertalstraße* nach rechts und an der folgenden Gabelung links. Nach ein paar

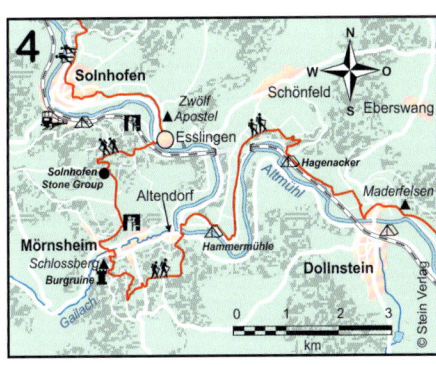

Schritten auf dem *Hochholzer Weg* tauchen voraus zum ersten Mal die **Zwölf Apostel** in einer Lücke zwischen den Häusern auf [500 m/10 Min.].

Verlassen Sie die Straße nach rechts über den Wanderparkplatz Römertal und folgen Sie dem quer zum Hang verlaufenden Pfad. Bald treten die Bäume zurück und geben den Blick auf die Altmühl frei, die sich tief zu Ihren Füßen, begleitet von der Straße, durch das Tal windet und von der Felsformation **Zwölf Apostel** überragt wird, die ohne Zweifel zu den landschaftlichen Höhepunkten im Naturpark Altmühltal zählt. Die beeindruckenden weißen Felstürme sind die Überreste eines Riffgürtels aus dem tropischen Meer während der Jurazeit. Sie verwittern schwerer als das umliegende Gestein und über die Jahrtausende haben Wind, Sonne, Regen und Eis die schroff aufragenden Felsen aus dem Hang herausmodelliert [2,5 km/40 Min.].

Laufen Sie hinter den **Zwölf Aposteln** bei der urigen Kiefer an der Sitzbank über die Wiese leicht bergab, unten auf der Schotterpiste ein kurzes Stück nach links bis zur Straße und auf dieser dann nach rechts. Halten Sie sich auch an der nächsten Kreuzung bei den ersten Häusern von **Esslingen** rechts [3 km/45 Min.].

Die Zwölf Apostel zählen zu den landschaftlichen Höhepunkten im

✕   **Gasthaus 13. Apostel**, Esslingen 1, 91807 Solnhofen, ☎ 091 45/83 67 60,
     🛏 Di bis So 10:00 bis 19:00

Wechseln Sie hinter dem Biergarten am „13. Apostel" auf das gegenüberliegende Altmühlufer. Laufen Sie am Ende der Brücke kurz nach rechts

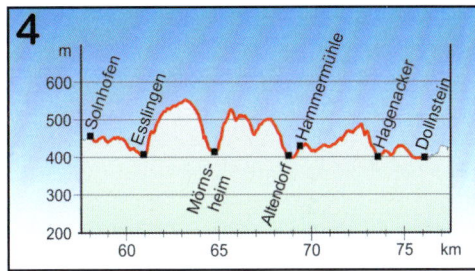

und gleich an der nächsten Möglichkeit links. Gehen Sie dann an der Abzweigung hinter der Bahnunterführung weiter geradeaus bergan in den Wald und halten Sie sich an der nächsten Gabelung rechts [4 km/1 Std.].

Naturpark Altmühltal

Laufen Sie oben an der T-Kreuzung mit der Fahrspur auf dieser nach links weiter [4,5 km/1 Std. 10 Min.].

Die Markierungen führen Sie auf das Betriebsgelände der Solnhofen Stone Group, die aus dem traditionsreichen Solnhofener Aktienverein hervorgegangen ist und Natursteine verarbeitet.
Laufen Sie hinter der ersten Halle nach links und folgen Sie den Wegweisern „Büro". Verlassen Sie das Gelände am Verwaltungsgebäude auf der Zufahrtsstraße [5 km/1 Std. 20 Min.].

Kehren Sie der Straße in der Kurve hinter der Bushaltestelle den Rücken und folgen Sie der Piste parallel zur Hochspannungsleitung nach links. Halten Sie sich an der Gabelung bei der kleinen Kapelle links und folgen Sie der breiten, weißen Schotterpiste mit freiem Blick über die Dächer von **Mörnsheim** talwärts. Nach einer Rastbank geht es im Rechtsbogen bergab und unten vor den ersten Häusern nach links auf der schmalen Straße weiter [6,5 km/1 Std. 40 Min.].

Überqueren Sie die breite Straße unterhalb des mächtigen Felsturmes und nehmen Sie die schmale Steinbrücke über den Bach in Richtung Ortsmitte. Biegen Sie unmittelbar nach dem Passieren des weißen Torbogens links auf die Straße *Rosenau* und halten Sie sich an der folgenden Gabelung rechts [7 km/1 Std. 45 Min.].

Mörnsheim   (1.600 Ew.)

- **Verkehrsverein Mörnsheim**, Kastnerplatz 1, 91804 Mörnsheim, ☎ 091 45/831 50, ✍ markt@moernsheim.de, 🖳 www.moernsheim.de
- **Gasthof Zum Brunnen**, Brunnenplatz 1, 91804 Mörnsheim, ☎ 091 45/71 27, ✍ info@gailachtal.de, 🖳 www.gasthof-zum-brunnen.de (ca. € 30)
- **Hotel Lindenhof**, Marktstraße 25, 91804 Mörnsheim, ☎ 091 45/838 00, ✍ info@lindenhof-altmuehltal.de, 🖳 www.lindenhof-altmuehltal.de (ab € 32)
- ♦ **Privatpension Armann**, Bachstraße 18, 91804 Mörnsheim, ☎ 091 45/72 62 (ca. € 15)
- ♦ **Gästehaus Waltraud**, Haunsfelder Straße 36, 91804 Mörnsheim, ☎ 091 45/855 05 (ca. € 16)

Wer wandert, darf auch deftig essen: Einkehr unterwegs

⌘ **Heimatmuseum**, kleiner Dokumentationsraum im Erdgeschoss des Rathauses im historischen Kastenhof mit Ausstellungen zu Geschichte, Kultur und Natur.

♦ Kastnerplatz 1, Mo bis Fr 9:00 bis 12:00

Bis zur Mitte des 18. Jahrhunderts wachte die einstige Festung Staffelburg hoch über dem Marktflecken Mörnsheim. Der Verfall begann, nachdem die Ämter Dollnstein und Mörnsheim zusammengelegt wurden, denn die Steine der Burg waren als Baumaterial u.a. für den Kirchenbau in Mörnsheim sehr beliebt. Seit 1980 ist der Verfall gestoppt und die Ruine wurde gesichert.

In der Ortsmitte beeindruckt der historische, gotische Kastenhof mit seinem Treppengiebel und einem Torturm aus dem Jahre 1404. Er war im Mittelalter Mautgebäude und Kastneramt und ist heute Sitz der Rathauses mit der Touristeninformation und einem kleinen, aber feinen Heimatmuseum. Seit Jahren eine große Attraktion ist der Altmühltaler-Lamm-Auftrieb mit Schäfer- und Handwerkermarkt im Frühjahr, bei dem die Schaf- und Lamm-Herde durch das mittelalterliche Markttor auf die Sommerweide getrieben wird.

🚶🚶   Laufen Sie geradeaus am ✗ Gasthof Zum Brunnen vorbei auf den *Kirchweg*, der Sie an der Kirche vorbeiführt, und nehmen Sie vor dem weißen Haus mit der Nummer 3 den Weg nach links zwischen den Häusern durch. Steigen Sie über Treppenstufen bergauf und am Zaun des Friedhofs entlang bis zu einer Teerstraße.

☺   Hier weist ein Schild nach links auf den direkten Weg nach Altendorf hin, was die Etappe um etwa 2 km verkürzt.

Der eigentliche Altmühltal-Panoramaweg führt nach rechts den Schlossberg hinauf. Verlassen Sie die Straße vor der scharfen Serpentine unterhalb der Burgruine und wenden Sie sich in einem Linksbogen in Richtung Wald. Folgen Sie bei der Sitzgruppe am Waldrand dem schmalen Waldweg nach links und biegen Sie 200 m weiter links in die Schotterpiste ein. Verlassen Sie diese nach etwa 1 km an einem Hochsitz nach links auf einen schmalen Pfad [9 km/2 Std. 15 Min.].

Laufen Sie unten auf der Straße kurz nach rechts und biegen Sie direkt vor dem Ortsausgangsschild nach links auf die für Autos gesperrte Asphaltstraße, die stetig bergan führt. An der Kreuzung bei einer schönen Sitzbank unter einer mächtigen Linde geht es geradeaus auf der Schotterpiste weiter. Diese folgt dem Waldsaum in einer Linkskurve und führt schließlich nach **Altendorf** hinab [11 km/2 Std. 45 Min.].

Nachdem Sie die Altmühlbrücke überquert haben, biegen Sie rechts auf die Zufahrtsstraße zum Bootsrastplatz ab und halten sich an der folgenden Möglichkeit links. An der nächsten Gabelung nach 500 m halten Sie sich rechts und folgen der für Autos gesperrten Schotterpiste. Am Ende führt ein Pfad nach links bergan. Geradeaus ist nach wenigen Schritten der Biergarten am Bootsrastplatz Hammermühle erreicht [11,5 km/2 Std. 50 Min.].

⚠ 🚐 ✗ **Zeltplatz Hammermühle**, ☎ 091 41/734 70,
            ✏ info@zeltplatz-hammermuehle.de, 🖳 www.zeltplatz-hammermuehle.de

Der kurze Anstieg wird begleitet vom Rauschen des Wehres und dem Gejohle der Bootsfahrer bei ihrer spritzigen Wildwassereinlage. Biegen Sie oben bei der Sitzgruppe nach rechts auf die Teerstraße, verlassen Sie diese aber schon in der ersten Kurve wieder und folgen Sie der Treckerfahrspur an den Feldern entlang. Bleiben Sie bei der Hochspannungsleitung in einer Linkskurve am Waldrand. Zwischen den Stämmen glitzert rechts immer mal die tief unten fließende Altmühl durch [13,5 km/3 Std. 20 Min.].

Der Wald macht schließlich einer Trockenwiese Platz, wo eine moderne, geschwungene Sitzbank mit phänomenalem Ausblick zu einer Rast einlädt [14,5 km/3 Std. 40 Min.].

Halten Sie sich an den beiden Holzschuppen rechts. Beginnen Sie dann bei der Sitzbankgruppe etwa 400 m weiter den Abstieg durch den Wald nach rechts und laufen Sie unten bei den Häusern auf der Straße nach links weiter [16 km/4 Std.].

⌂   **Bootsrastplatz Hagenacker**, ☎ 091 41/734 70,
  ✐ info@bootsrastplatz-hagenacker.de, 🖥 www.bootsrastplatz-hagenacker.de

Biergarten am Bootsrastplatz Hagenacker

Nehmen Sie vor den Bahnschienen die nach links abzweigende Schotter-piste. Sie führt zunächst leicht bergan, dann geht es auf einem schmalen Pfad parallel zu Hang, Altmühl und Bahnlinie durch eine herrliche Trockenheide. Der Pfad entlässt Sie am Ende auf eine landwirtschaftliche Wiese. Biegen Sie hier auf Höhe des einzelnen, großen Baumes nach links und wenden Sie sich etwa 300 m weiter auf der schmalen Teerstraße nach rechts in Richtung **Dollnstein**. Folgen Sie an der nächsten Kreuzung dem Wegweiser „Bootsausstieg" nach rechts [17,5 km/3 Std. 50 Min.].

Wenden Sie sich am Turm nach links und laufen Sie immer an der Stadtmauer entlang (um direkt in die Ortsmitte zu gelangen, können Sie hier auch geradeaus weiterlaufen) bis zum Stadttor. Für die Fortsetzung der Wanderung auf dem Altmühltal-Panoramaweg laufen Sie hier weiter geradeaus. Nach rechts durch das Tor gelangen Sie ins Zentrum von **Dollnstein**.

Dollnstein   (2.800 Ew.)

Tourismus Information Dollnstein, Unterer Burghof 5, 91795 Dollnstein,
☎ 084 22/15 02, ✎ kontakt@dollnstein-info.de, 🖥 www.dollnstein-info.de

Campingplatz Dollnstein, Brückenstraße 11a, 91795 Dollnstein,
☎ 084 22/846, ✎ www.camping-dollnstein.de, 🖥 www.camping-dollnstein.de

Hotel-Restaurant Zur Post, Marktplatz 3, 91795 Dollnstein,
☎ 084 22/15 15, ✎ fam.schott@gasthofzurpost-dollnstein.de,
🖥 www.gasthofzurpost-dollnstein.de (ca. € 30)

Anzeige

🛏 **Pension Heintel**, Altmühlweg 9, 91795 Dollnstein, ☎ 084 22/561 (ca. € 24)

♦ **Pension Regina Merkl**, Beixenhartstraße 2, 91795 Dollnstein, ☎ 084 22/411 (ca. € 18)

⌘ **Altmühlzentrum**, dokumentiert die Geschichte der Burg Dollnstein

♦ Unterer Burghof 5, 91795 Dollnstein, ☎ 084 22/987 98 10, ✉ info@altmuehlzentrum.de, 🖥 www.altmuehlzentrum.de, 🕐 Ostern bis Allerheiligen Di bis So 9:30 bis 17:30

Blick auf Dollnstein

Als „Tollunstein" betritt Dollnstein die Bühne der Geschichte erstmalig im Jahre 1007. Von der einstigen Burg aus dem 12. Jahrhundert auf einer langgestreckten Felsbank in der Ortsmitte ist kaum etwas geblieben, da die verfallene Ruine zu Beginn des 19. Jahrhunderts als Steinbruch ausgebeutet wurde. Erhalten geblieben sind die Ringmauer, die die gesamte Altstadt umschließt, sowie das nördliche Stadttor. Seit 2010 informiert das in einem restaurierten Wirtschaftsgebäude der Burg untergebrachte Altmühlzentrum über die Kulturgeschichte des Altmühltals.

5. Etappe: Von Dollnstein nach Eichstätt

⮑ 14 km/ ⏳ 3 Std. 30 Min. ⬆ 390 m ⬇ 380 m

Kurz hinter Dollnstein zieht der hochaufragende Burgsteinfelsen die Blicke auf sich und mit etwas Glück lassen sich wagemutige Kletterer beobachten, die sich der Herausforderung einer Besteigung stellen. Auf der gesamten Etappe bis Eichstätt bestimmt der Kontrast zwischen Wacholderheiden und schroffen Kalkfelsen das Landschaftsbild. Kurz vor Eichstätt lohnen das Museum Bergér und der Fossiliensteinbruch einen Besuch (und das nicht nur für Hobbyarchäologen), bevor von der gegenüberliegenden Talseite die Willibaldsburg grüßt und dem Wanderer die barocke Altstadt von Eichstätt zu Füßen liegt.

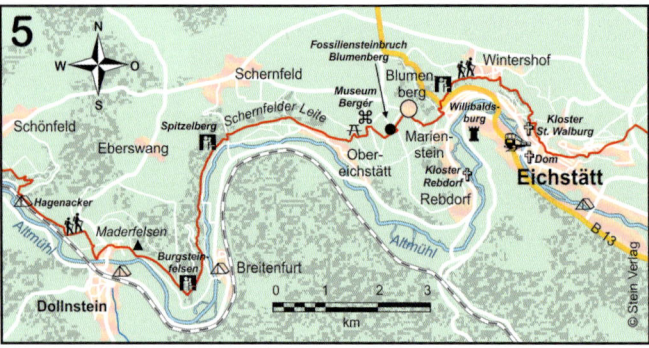

🚶 Es geht los ... Vom Stadttor am nördlichen Ortsrand von **Dollnstein** geht es gegenüber vor dem Friedhof weiter und dahinter nach links. Wenden Sie sich am rückseitigen Ende der Friedhofsmauer dann nach rechts und vor der rosafarbenen Schule unterhalb des markanten **Maderfelsens** nach links. Der Pfad bringt Sie zum Sportplatz, wo Sie die Wanderung nach links am Fuß einer steil aufragenden Talwand durch die Trockenwiese fortsetzen. Am linken Ufer der Altmühlschleife voraus erhebt sich, einem Turm gleich, der **Burgsteinfelsen**. Er ist der Rest einer Kalkplattform, die zur Zeit des Oberen Jura aus dem subtropischen Flachmeer abgelagert wurde und dann von der Urdonau und Altmühl herausgearbeitet wurde. Das 45 m hohe Massiv ist bei

Sportkletterern sehr beliebt und bietet 30 verschiedene Routen in den Schwierigkeitsgraden IV bis IX [2,5 km/40 Min.].

An der Sitzgruppe bei der kleinen Kapelle schwenkt der Pfad in einer Linkskurve zu einer breiten Forstpiste und rechts unten im Tal ist **Breitenfurt** mit seiner Brücke und dem kleinen Freibad zu sehen. Über einen Pfad nach rechts kann man nach Breitenfurt absteigen, der Altmühltal-Panoramaweg führt weiter auf der linken Altmühlseite mit tollen Ausblicken immer am Hangfuß entlang [5,5 km/1 Std. 20 Min.].

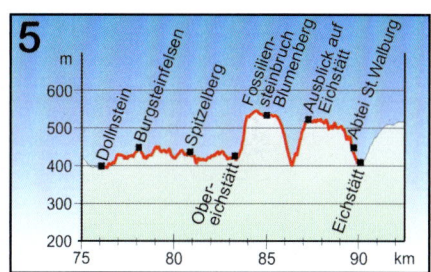

Breitenfurt

⚠ **Zeltplatz Altmühltal**, Schulstraße 13, 91795 Dollnstein OT Breitenfurt,
☏ 084 22/567, ✉ rhell@altmuehlhaus.de, 🖥 www.zeltplatz-altmuehltal.de

🛏 **Pension Schönfeld**, Keltenstr. 20, 91795 Dollnstein OT Breitenfurt,
☏ 084 22/570 (ca. € 25)

♦ **Pension Holst**, Kirchenfeldstraße 21, 91795 Dollnstein OT Breitenfurt,
☏ 084 22/889 (ca. € 20)

♦ **Pension Osiander**, Breitlenstraße 2, 91795 Dollnstein OT Breitenfurt,
☏ 084 22/887

🚶🚶 Sie erreichen eine kreuzende Teerstraße. Rechts unten an der Brücke bietet sich im Sommer die Möglichkeit zu einer Stärkung:

✗ **Schuster's Brotzeitwagen** mit deftigen Brotzeiten und hausgemachte Kuchen, an der Schernfelder Brücke, 91795 Dollnstein, ☏ 084 22/589

Für die Fortsetzung der Wanderung folgen Sie der Straße ein kurzes Stück nach links, biegen aber gleich an der nächsten Möglichkeit rechts runter auf die Piste und 100 m weiter links auf den schmalen Pfad durch die

Trockenheide mit Blick auf **Obereichstätt**, das nächste Zwischenziel dieser Etappe [7 km/1 Std. 45 Min.].

Sie laufen unterhalb der schroff aufragenden **Schernfelder Leite** weiter und erreichen oberhalb der ersten Häuser eine Teerstraße. Bevor diese in eine breitere Straße mündet, biegen Sie links ab und bleiben oberhalb der Grundstücke. Der Pfad klettert in einigen Serpentinen durch den Wald bergan [8,5 km/2 Std. 15 Min.].

Pause am Trockenhang der Schernfelder Leite

Oben werden Sie mit einer tollen Aussicht belohnt und können von der wohl längsten Rastbank Deutschlands, die aus einem 36,5 m langen halbierten Douglasienstamm gefertig wurde, den hoch über der Altmühl kreisenden Drachenfliegern zuschauen. Halten Sie sich anschließend rechts und folgen Sie dem Zaun entgegen dem Uhrzeigersinn um die Koppel herum. Auf der gegenüberliegenden Seite zeigt ein Wegweiser nach links zum Museum Bergér, die gelb-rote Markierung des Altmühltal-Panoramawegs leitet Sie nach rechts [9 km/2 Std. 15 Min.].

⌘   **Museum Bergér** mit umfangreicher Fossiliensammlung, die in den
Steinbrüchen der Familie Bergér gefunden wurden.

◆   Harthof 1, 85072 Eichstätt, ☎ 084 21/46 63, 🖥 www.museum-berger.de, 🗓 Juli
       bis Ende der bayerischen Schulsommerferien Mitte September Mo bis Fr und
       So/Feiertag 10:00 bis 17:00, in der übrigen Zeit Mo bis Fr 13:30 bis 17:00, Sa/So
       10:00 bis 17:00

Überqueren Sie die Straße (Wegweiser „Fossiliensteinbruch des Museums
Bergér"), zur Linken leuchten diverse Steinbrüche in der Sonne. Am Eingang
zum **Fossiliensteinbruch Blumenberg** begrüßt Sie ein Allosaurus in Lebens-
größe - immerhin stattliche 14 m in der Länge und 4,5 m in der Höhe misst
dieser Verwandte des bekannten Tyrannosaurus Rex. Er lebte während des
Oberen Jura vor rund 140 Millionen Jahren, als an der Stelle des heutigen
Steinbruchs die Wellen eines tropischen Meeres hin und her schwappten. Die
Überreste der gestorbenen Tiere und Pflanzen wurde im Lauf der Zeit unter
Kalkschlamm bedeckt und versteinerten. Das lockt heute Hobby-Fossilien-
sammler aus ganz Deutschland an und es ist ein fleißiges Hämmern und
Meißeln aus der Grube am linken Wegesrand zu vernehmen [9,5 km/2 Std.
20 Min.].

⌘   **Steinbruch für Fossiliensammler**, ideal für Hobby-Archäologen und
solche, die es werden wollen. Man kann Werkzeug ausleihen, bekommt vom
freundlichen Personal eine kurze Einweisung und natürlich auch nähere Informationen zum Fund, wenn die Suche erfolgreich war.

◆   Kinderdorfstraße, 85072 Eichstätt OT Blumenberg, ☎ 01 57/73 05 98 06,
       🗓 April bis Sept. 10:00 bis 17:00

Laufen Sie hinter dem Eingang am Parkplatz nach links und wechseln Sie
am Ende auf die rechte Straßenseite. Nehmen Sie dort den schmalen Durch-
lass in der Hecke und steuern Sie gerade über die Wiese auf die Häuser von
Blumenberg zu. Dort angekommen, laufen Sie ein kurzes Stück auf der Straße nach rechts bergab [10 km/2 Std. 30 Min.].

Folgen Sie an der Gabelung vor dem Wegkreuz dem Urvogelweg nach
links. Von der gegenüberliegenden Talseite grüßt als Wachtposten hoch über

der Bischofsstadt Eichstätt die **Willibaldsburg**. Eine erste Anlage auf dem Burgberg entstand Ende des 14. Jahrhunderts als Wohnsitz der Eichstätter Fürstbischöfe. Ihr heutiges Renaissance-Gesicht bekam die Burg um 1600. Laufen Sie bei der T-Kreuzung mit einer breiteren Piste geradeaus am Hydranten vorbei auf den steil hinunterführenden Pfad [11 km/2 Std. 40 Min.].

Die Willibaldsburg wacht hoch oben über Eichstätt

Hinter dem Waldkindergarten steht nach links ein kurzer Zwischenanstieg auf dem Programm. Biegen Sie hinter dem Schützenheim rechts in den Wald-pfad ein, der sich hoch zur Bundesstraße B13 schraubt. Überqueren Sie die Straße und erklimmen Sie die Treppenstufen hinter dem Parkplatz. Links vom Weg erstrahlt 🛏 Hotel Schönblick in leuchtendem Orange, zur Rechten dehnt sich Eichstätt in einem Talkessel aus und mehrere Sitzbänke laden dazu ein, das Panorama ausgiebig zu genießen [12 km/3 Std.].

Nachdem Sie die Häuser am südlichen Ortsrand der Gemeinde **Wintershof** erreicht haben, beginnt, zunächst nur ganz allmählich, der Abstieg nach Eichstätt. Aus dem Tal erklingen Großstadtgeräusche: Baulärm, Krankenwagen, Verkehr, Kirchenglocken und das Gekreische der Kinder im Freibad sind zu vernehmen. Nach dem Passieren von zwei Schotterhalden wird der Wegverlauf steiler und zum Schluss geht es in engen Serpentinen hinunter zu einer schmalen Teerstraße, auf der Sie nach links bis zur Luitpoldstraße weiterlaufen [14 km/3 Std. 30 Min.].

Die Fortsetzung des Altmühltal-Panoramawegs führt direkt gegenüber beim ✗ Gasthaus Weißes Roß auf der Straße *Am Graben* weiter. Um ins Stadtzentrum zu gelangen, wenden Sie sich auf der *Luitpoldstraße* nach rechts und nehmen dann die dritte oder vierte nach rechts abzweigende Straße zum Marktplatz mitten in der barocken Altstadt.

Eichstätt   (14.000 Ew.) 🛈 🛏 🏠 ⚠ 🚐 🛒 🚍 🚌

🛈   **Tourist-Information**, Domplatz 8, 85072 Eichstätt, ☎ 084 21/600 14 00,
     ✉ tourismus@eichstaett.info, 🖥 www.eichstaett.info

◆   Siehe ☞ ⌘ Informationszentrum Naturpark Altmühltal S. 74

🏠   **Jugendherberge Eichstätt**, Reichenaustr. 15, 85072 Eichstätt,
     ☎ 084 21/98 04 10

⚠ 🚐 **Wohnmobilstellplatz und Zeltplatz**, Schottenau/Schottenwiese neben Pirk-
     heimer Straße (direkt am Altmühlufer), 85072 Eichstätt, ☎ 084 21/90 81 47

🛏   **Wellnesshotel Schönblick**, Hohes Kreuz 11, 85072 Eichstätt,
     ☎ 084 21/93 60 80, ✉ rezeption@schoenblick-hotel.net,
     🖥 www.schoenblick-hotel.net (ab € 34)

◆   **Tagungshotel Kolping-Bildungsstätte**, Burgstraße 3, 85072 Eichstätt,
     ☎ 084 21/970 10, ✉ bildungsstaette@kolping-eichstaett.com,
     🖥 www.kolping-eichstaett.de (ca. € 27)

◆   **Gasthof Goldener Adler**, Westenstraße 76, 85072 Eichstätt, ☎ 084 21/44 88
     (ca. € 34)

◆   **Hotel Adler**, Marktplatz 22, 85072 Eichstätt, ☎ 084 21/67 67,
     ✉ mail@adler-eichstaett.de, 🖥 www.adler-eichstaett.de (ab € 48)

◆   **Hotel garni Fuchs**, Ostenstraße 8, 85072 Eichstätt, ☎ 084 21/67 89,
     ✉ info@hotel-fuchs.de, 🖥 www.hotel-fuchs.de (ab € 34)

◆   **Braugasthof Trompete**, Ostenstraße 3, 85072 Eichstätt, ☎ 084 21/981 70,
     ✉ mail@braugasthof-trompete.de, 🖥 www.braugasthof-trompete.de (ab € 20)

◆   **Gasthof Sonne**, Buchtal 17, 85072 Eichstätt, ☎ 084 21/67 91,
     ✉ info@sonne-eichstaett.de, 🖥 www.sonne-eichstaett.de (ab € 35)

🛏 **Gasthof Ratskeller**, Kardinal-Preysing-Platz 8, 85072 Eichstätt,
☎ 084 21/90 12 58, ✉ kontakt@ratskeller-eichstaett.de,
🖥 www.ratskeller-eichstaett.de (ab € 29)

♦ **Kloster St. Walburg**, Walburgiberg 6, 85072 Eichstätt, ☎ 084 21/988 70,
✉ kloster.st.walburg@bistum-eichstaett.de, 🖥 www.abtei-st-walburg.de
(ca. € 34)

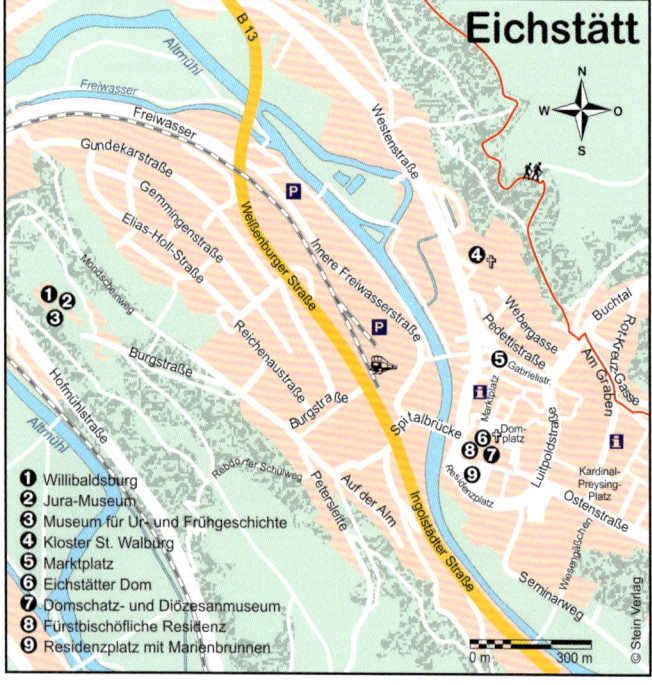

- ❶ Willibaldsburg
- ❷ Jura-Museum
- ❸ Museum für Ur- und Frühgeschichte
- ❹ Kloster St. Walburg
- ❺ Marktplatz
- ❻ Eichstätter Dom
- ❼ Domschatz- und Diözesanmuseum
- ❽ Fürstbischöfliche Residenz
- ❾ Residenzplatz mit Marienbrunnen

⌘ 🅸 **Informationszentrum Naturpark Altmühltal**, moderne, interaktive Ausstellung zum Naturpark Altmühltal auf zwei Stockwerken unter dem Dach der
ehemaligen Klosterkirche Notre Dame.

♦ Notre Dame 1, 85072 Eichstätt, ☎ 084 21/987 60, 🗓 Apr. bis Okt. Mo bis Sa
9:00 bis 17:00, So 10:00 bis 17:00 (Mitte Mai bis Mitte Sept. bis 18:00), Nov. bis
März Mo bis Do 9:00 bis 12:00 und 14:00 bis 16:00, Fr 9:00 bis 12:00

♜ **Willibaldsburg**, 1355 errichtet und bis 1725 Bischofssitz. Von der 420 m langen Burganlage sind Mauern und Bastionen, das Zeughaus, die 63 m lange Torhalle und der Gemmingenbau mit den beiden Türmen erhalten. Im Nordflügel des Gemmingenbaus befindet sich das Jura-Museum mit den bekannten Fossilien der Solnhofener Plattenkalke, im Südflügel ist das Ur- und Frühgeschichtliche Museum untergebracht.

♦ Burgstraße 19, 85072 Eichstätt, ☎ 084 21/47 30, 🕐 April bis Sept. Di bis So 9:00 bis 18:00, Okt. bis März 10:00 bis 16:00

⌘ **Jura-Museum Eichstätt**, Naturkundemuseum mit Schwerpunkt bei den Fossilien der Solnhofener Plattenkalke, die aus den Steinbrüchen der Region stammen.

♦ Burgstraße 19, 85072 Eichstätt, ☎ 084 21/29 56,
✉ sekretariat@jura-museum.de, 🖥 www.jura-museum.de, 🕐 April bis Sept. Di bis So 9:00 bis 18:00, Okt. bis März 10:00 bis 16:00

Turm der restaurierten Klosterkirche Notre Dame

⌘ **Museum für Ur- und Frühgeschichte**, die Ausstellung zeigt die Entwicklungsgeschichte der Region von der Steinzeit bis zum frühen Mittelalter.

♦ Burgstraße 19, 85072 Eichstätt, ☎ 084 21/894 50, 🕐 April bis Sept. Di bis So 9:00 bis 18:00, Okt. bis März Di bis So 10:00 bis 16:00

⌘   **Domschatz- und Diözesanmuseum**, insgesamt zwölf Räume informieren über die über 1.200-jährige Geschichte des Bistums und seiner Persönlichkeiten.

◆   Residenzplatz 7, 85072 Eichstätt, ☏ 084 21/502 66, 🗓 April bis Okt. Mi bis Fr 10:30 bis 17:00, Sa/So 10:00 bis 17:00

♜   **Fürstbischöfliche Residenz mit Spiegelsaal**. Die prächtige barocke Dreiflügelanlage ist das Werk der Eichstätter Hofbaudirektoren Jakob Engel, Gabriel de Gabrieli und Maurizio Pedetti. Der Spiegelsaal kann nur im Rahmen einer Führung besichtigt werden.

◆   Residenzplatz 1, 85072 Eichstätt, ☏ 084 21/700, 🗓 Mo bis Fr 7:30 bis 12:00, Mo bis Mi 14:00 bis 16:00, Do 14:00 bis 17:30

✜   **Kloster St. Walburg** am westlichen Altstadtrand mit barocker Kirche aus dem 17. Jahrhundert, Turm von 1746 und Gruft mit den Gebeinen der Heiligen Walburga.

◆   Walburgiberg 6, 85072 Eichstätt, ☏ 084 21/98 87-0,
          ✉ kloster.st.walburg@bistum-eichstaett.de, 🖥 www.abtei-st-walburg.de

Der Residenzplatz gehört zu den eindrucksvollsten Plätzen Deutschlands

✟   **Eichstätter Dom**, eines der bedeutendsten mittelalterlichen Baudenk-
mäler in Bayern mit dem 11 m hohen „Pappenheimer Altar".

◆   Domplatz, 85072 Eichstätt, ☎ 084 21/502 77

Eichstätt, die „Hauptstadt" des Altmühltals, empfängt seine Besucher mit
malerischen, engen Gassen sowie unzähligen Kunst- und Architekturschät-
zen. Das zentrale Bauwerk ist der Eichstätter Dom, der als herausragendes
Beispiel der katholischen Kirchenbaukunst gilt und mit Stilelementen der
unterschiedlichsten Bauepochen - von der Romanik über die Gotik bis hin
zum Barock - aufwarten kann.

Barock präsentiert sich auch die übrige Altstadt, besonders auffällig wird
dies am Residenzplatz aus dem 18. Jahrhundert, der sicherlich zu den präch-
tigsten Plätzen in Deutschland - wenn nicht sogar in Europa - zählt.

6. Etappe: Von Eichstätt nach Walting

⮌ 12 km/ ⧗ 4 Std. ↑ 235 m ↓ 215 m

Schon kurz nachdem man den engen Gassen der quirligen Bischofs- und
Universitätsstadt den Rücken gekehrt hat, wird es wieder einsam und auf ruhi-
gen Wald- und Feldwegen geht es über die Jurahöhen. Auf der gegenüberliegenden Talseite legt das Kastell Vetoniana ein eindrucksvolles Zeugnis der
römischen Geschichte im Altmühltal ab. Vorbei an der Buchenhüller Mammuthöhle geht es durch den Wald bis zum Etappenziel Walting.

🏃🏃 **Es geht los ...** Laufen Sie vom Stadtzentrum zurück zum Gasthaus
„Weißes Ross" und biegen Sie dort rechts in die Straße *Zum Graben* ein.
Halten Sie sich an der Gabelung etwa 200 m weiter links, laufen Sie den
Schießstättberg hoch und links am Studentenwohnheim vorbei. Es geht
beständig bergan. Setzen Sie die Wanderung oben auf dem für Kraftfahrzeuge
gesperrten Schotterweg fort, halten Sie sich am Spielplatz mit dem Kletter-
turm rechts und laufen Sie vor den Häusern weiter [1,5 km/15 Min.].

Überqueren Sie die Straße im Wohngebiet. Zur Linken dehnen sich nun
weitläufige Felder aus. Überqueren Sie die *Jura-Hochstraße* und nehmen Sie
die Schotterfahrspur geradeaus. Halten Sie sich an der Gabelung nach 100 m

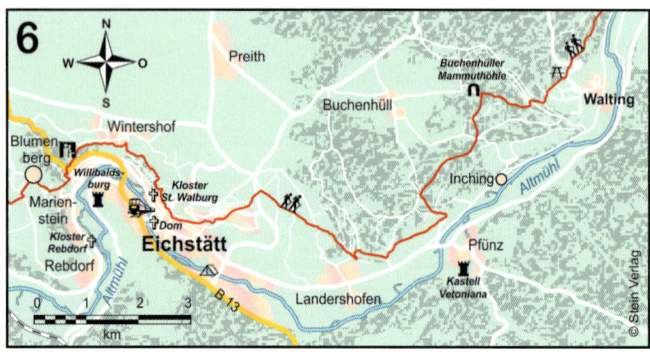

rechts und setzen Sie die Wanderung durch die Felder fort, bis zu einer Weg-kreuzung mit einer Bank und Infotafel unter einem mächtigen Baum. Wenden Sie sich hier nach links und folgen Sie dem Altmühltal-Panoramaweg in süd-westlicher Richtung [4,5 km/1 Std. 10 Min.].

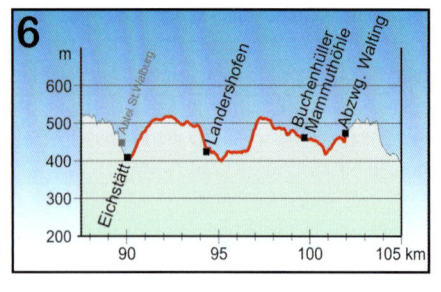

Biegen Sie kurz hin-ter der Tafel, die über die Auswirkung des Kli-mawandels auf den Wald informiert, nach links auf die Piste im Wald ab, die Sie bald zu einer breiten Schotterstraße führt. Auf dieser laufen Sie nach rechts weiter und folgen dem Pfad, der sich in etwa auf einer Höhe zur weiter unten parallel verlaufenden Straße befindet. Voraus liegt am gegenüberliegenden Altmühlufer die kleine Ortschaft **Pfünz** [7 km/1 Std. 45 Min.].

Kastell Vetoniana bei Pfünz

Bei dem kleinen Ort Pfünz thront auf einem Bergsporn 42 m über der Alt-mühl das rekonstruierte Römerkastell Vetoniana. Es wurde ursprünglich um 90 n. Chr. unter Kaiser Domitian zunächst aus Holz errichtet und Jahrzehnte

später unter seinen Nachfolgern Antonius Pius und Marc Aurel durch Stein-
bauten ausgebaut, um den nahegelegenen Limes zu sichern und an den
Grenzen des Reichs für Ordnung zu sorgen. Einen Einblick in das Leben der
römischen Soldaten gewährt die nachgebaute Wachstube im Turm, wo zwei
Soldaten in Anlehnung an Originalfunde in voller Rüstung zu sehen sind. Das
Kastell Vetoniana wurde Mitte des 3. Jahrhunderts, wie die meisten römischen
Kastelle nördlich der Donau, durch einen Feldzug der Alemannen zerstört.

Das rekonstruierte Römerkastell Vetoniana bei Pfünz

Laufen Sie oberhalb von **Pfünz** auf der schmalen Straße nach links und am
Holzlagerplatz vorbei. Am Ende geht es in der direkten Verlängerung der
Straße auf Schotter in einer Linkskurve weiter bergan. Halten Sie sich an der
Gabelung am Waldrand rechts und laufen Sie durch den Wald bis zu einer
Kreuzung mit einer breiten Schotterpiste, in die Sie nach rechts einbiegen
[9 km/2 Std. 15 Min.].

Entscheiden Sie sich an der Kreuzung hinter der Hochspannungsleitung für
die dritte Möglichkeit von rechts. Die Schotterpiste führt auf den ersten Metern
leicht bergauf, fällt aber gleich darauf wieder ab [10 km/2 Std. 30 Min.].

An der nächsten Kreuzung geht es eigentlich auf der breiten Piste nach rechts. Für einen Abstecher zur **Buchenhüller Mammuthöhle** folgen Sie dem Wegweiser für den Schlaufenweg für ein paar Schritte nach links über den überwucherten Pfad und die Stufen bis zur Mammuthöhle, deren Eingang allerdings mit einem Gitter versperrt ist [11,5 km/2 Std. 45 Min.].

Buchenhüller Mammuthöhle

Die Buchenhüller Mammuthöhle wurde 1911 entdeckt und die Ausgrabungen in der etwa 25 m langen, bis zu 5 m breiten und 3 bis 4 m hohen Höhle förderten Skelette von Edelhirsch, Rentier und Mammut zu Tage, die wahrscheinlich während der Weichsel-Würm-Kaltzeit um etwa 50.000 v. Chr. hier gelebt haben. Bei der Höhle handelt es sich um eine Doline, die sich im Juradolomit gebildet hat und die zeitweise mit Wasser gefüllt war. Beim Trinken fielen die Tiere ins Wasser und gingen am Boden der Höhle elend zugrunde.

Laufen Sie an der T-Kreuzung mit der breiten Piste ein paar Schritte auf dieser nach links und dann gleich nach rechts auf den bergauf führenden Waldpfad. Oben geht es dann nach links am Waldrand weiter. Überqueren Sie die Schotterpiste und nehmen Sie den nach schräg links abzweigenden Pfad zwischen den Büschen [12 km/3 Std.].

Sie erreichen einen Rastplatz neben einer Schotterpiste. Folgen Sie hier der Straße nach rechts hinunter nach **Walting**, um die kurze 6. Etappe dort zu beenden. Für die Fortsetzung der Tour auf dem Altmühltal-Panoramaweg laufen Sie schräg nach links und auf der Forstpiste bergauf durch den Wald.

Walting

- **Landhotel Gut Moierhof**, Leonhardistraße 11, 85137 Walting, ☎ 084 26/987 80, ✍ info@gut-moierhof.de, 🖥 www.gut-moierhof.de (ab € 45)
- **Landgasthaus Zur Mühle**, Pfünzer Straße 5, 85137 Walting, ☎ 084 26/221, ✍ info@landgasthaus-zur-muehle.de, 🖥 www.landgasthaus-zur-muehle.de (ca. € 26)

7. Etappe: Von Walting nach Kipfenberg

⮑ 18 km/ ⏳ 4 Std. 30 Min. ↑ 550 m ↓ 570 m

Zu Beginn dieser Etappe begeistert die knapp 70 ha große Wacholderheide bei Gungolding, im zweiten Abschnitt bietet die Arnsberger Leite einen unvergesslichen Panoramablick über die Altmühl.

Es geht los ... Für die Fortsetzung der Tour laufen Sie an der vom Vortag bekannten Rastbank oberhalb von **Walting** schräg nach links und auf der Forstpiste bergauf durch den Wald, überqueren 300 m weiter die Straße und folgen weiter der Forstpiste. Wenden Sie sich an der folgenden Kreuzung dann auf der Straße nach rechts, mit schönem Blick ins Tal bergab und halten Sie sich unten an der T-Kreuzung rechts. Laufen Sie 100 m weiter vor dem kleinen Holzhaus nach links und am Wald-/Feldrand weiter [2,5 km/40 Min.].

Der Feldweg wird bei einem Bauernhof zur Schotterpiste, die am Ende zu einer Straße führt. Laufen Sie hier etwa 50 m nach rechts, halten Sie sich an der folgenden Gabelung links und biegen Sie gleich darauf bei der Bank neben dem Kreuz nach rechts auf die Schotterfahrspur, die in einem Bogen oberhalb der Häuser von **Rieshofen** entlangführt [3 km/45 Min.].

Laufen Sie links am Spielplatz vorbei (den Gasthof des Ortes erreichen Sie, wenn Sie auf der Straße nach rechts gehen) und in einem Bogen um **Rieshofen** herum [3,5 km/55 Min.].

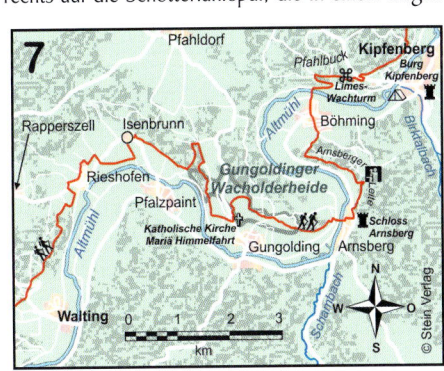

Rieshofen

✗ **Gasthof Bauer**, Dorfstraße 15, 85137 Walting OT Rieshofen, ☎ 084 26/266, 🍴 Mo, Mi bis So ab 11:30

👣   Biegen Sie an der Kreuzung hinter dem Bolzplatz bei der kleinen Kapelle nach links und 200 m weiter dann rechts ab. Laufen Sie anschließend hinter der Straße zwischen Rieshofen und Isenbrunn ein Stück nach rechts versetzt auf der Schotterpiste in Richtung Westen weiter [4,5 km/1 Std. 10 Min.].

Überqueren Sie vor dem Geländer den schmalen Entwässerungsgraben und folgen Sie dem breiteren Graben nach links bis **Isenbrunn** [5 km/1 Std. 15 Min.].

Biegen Sie unterhalb der wuchtigen, weißen Kirche erst nach rechts auf die Straße und am Ortsausgangsschild dann links auf die Schotterpiste ab. Es geht leicht bergauf und nach 150 m zweigt nach rechts ein schmaler Trampelpfad durch die Trockenheide ab. Am gegenüberliegenden Altmühlufer sehen Sie die Ortschaft **Pfalzpaint** [6,5 km/1 Std. 40 Min.].

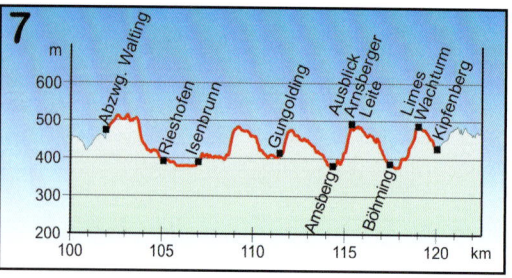

Folgen Sie der kreuzenden Fahrspur nach links. In einer Bachbettschlucht geht es nun o r d e n t l i c h bergan. Wenden Sie sich oben an der Kreuzung auf der breiten Schotterpiste nach rechts, Gleiches gilt für die nächste Gabelung [7,5 km/1 Std. 45 Min.].

Verlassen Sie die Schotterpiste nach rechts und folgen Sie dem schmalen Pfad am Waldrand. Er führt zunächst an der Hangkante entlang und senkt sich dann in einem weiten Bogen. Die letzten Meter bis zur Kirche von Gungolding verlaufen auf einer von Apfelbäumen gesäumten Schotterpiste. Erster Vorposten von Gungolding ist die ✝ **Katholische Kirche Mariä Himmelfahrt** auf einer Anhöhe nördlich des Ortes. Der heutige Kirchenbau wurde 1740 nach Plänen des Eichstätter Hofbaudirektors Gabriel de Gabrieli errichtet [9 km/2 Std. 15 Min.].

Gungolding

Landgasthof Zum Alten Wirt, St. Marienstraße 4, 85137 Walting OT Gungolding, ☎ 084 65/17 35 30, ✉ info@zum-alten-wirt.com, 💻 www.zum-alten-wirt.com (ca. € 33)

⚠ Zeltmöglichkeit am Bootsrastplatz

Durch den Trockenhang hinter Pfalzpaint

🚶🚶 Wenden Sie sich an der Kirche nach links (auf der Straße nach rechts sind es wenige Schritte bis zur Ortsmitte) und überqueren Sie den Parkplatz. Am Ende geht es schräg nach rechts in einem Bogen hinauf auf die **Gungoldinger Wacholderheide**. Sie entstand wie alle Trockenrasen längs der Altmühl durch die Rodung der Wälder im Mittelalter und die anschließende Beweidung mit Vieh [10,5 km/2 Std. 40 Min.].

Folgen Sie der schmalen Straße für etwa 500 m nach links, um an der nächsten Gabelung weiter auf dem Pfad durch die Heide zu laufen, der auf dem weiteren Weg nach **Arnsberg** nun allmählich an Höhe verliert. Am gegenüberliegenden Altmühlufer taucht das hoch über einer steil abfallenden Felswand thronende Schloss auf [12 km/3 Std.].

Schloss Arnsberg

Auf einem steilen Dolomitfelsen thront in 120 m Höhe über dem Altmühlufer Burg Arnsberg, das einstige Sommerschloss der Eichstätter Bischöfe. Von der Ruine der Hauptburg mit dem Stumpf des romanischen Bergfrieds bietet sich ein famoser Ausblick über die Altmühl. Das zweigeschossige Hauptgebäude der Vorburg wurde 1578 errichtet und 1972 als Hotel renoviert.

☞ ✕ **Hotel-Restaurant Schloss Arnsberg**, 85110 Arnsberg, ☎ 084 65/31 54, ✉ info@schloss-arnsberg.de, 🖥 www.schloss-arnsberg.de (ca. € 50)

Wenden Sie sich vor der Tennisanlage nach rechts und steuern Sie zwischen den Sportplätzen hindurch auf die Brücke über die Altmühl zu. Laufen Sie auf der gegenüberliegenden Seite nach links und vorbei am Parkplatz/ Bootsausstieg bis zur Hauptstraße, in die Sie nach links einbiegen. Am ✕ Landgasthof Zum Raben folgen Sie der *Schlossleite* für ein paar Schritte nach rechts und nehmen dann den Wanderpfad, der steilt bergauf führt [13 km/3 Std. 20 Min.].

☞ ✕ **Landgasthof Zum Raben**, Schlossleite 1, 85110 Kipfenberg OT Arnsberg, ☎ 084 65/940 40, ✉ zum-raben@t-online.de, 🖥 www.zum-raben.de (ca. € 37)

Die Arnsberger Leite ist nicht nur schön anzuschauen, sondern auch

Nachdem Sie oben im Wald scharf links abgebogen sind, erreichen Sie einen spektakulären Aussichtspunkt über die **Arnsberger Leite** mit lichtem Wald und schroffen Dolomitfelsen. Durch die exponierte Lage des Hangs wachsen hier Pflanzen, die sonst hauptsächlich im Südosten Europas oder südlich der Alpen verbreitet sind.

Anschließend geht es noch ein Stück an der Hangkante weiter, die Sicht ist aber nicht mehr ganz so gut, weil der Ausblick von den Bäumen versperrt wird. Folgen Sie am Ende bei dem Stein mit der Inschrift „Panoramaweg" der Piste in einer Rechtskurve nach **Böhming** [15 km/3 Std. 45 Min.].

Biegen Sie am Ortsanfang nach links auf den *Streuweg,* der sie zur Ortsmitte bringt. Laufen Sie an der größeren Kreuzung weiter geradeaus auf die *Wirtsstraße* und vorbei am Gasthof.

🛏 **Gasthof-Pension Römer-Castell**, Wirtsstraße 9, 85110 Kipfenberg OT Böhming, ☎ 084 65/941 90, ✍ info@roemer-castell.de, 🖳 www.roemer-castell.de (ca. € 25)

300 m weiter bringt Sie eine Brücke über die Altmühl und zur Rechten kündigt die hoch über dem Ufer aufragende Burg schon das Etappenziel

botanisch von Bedeutung

Kipfenberg an. Laufen Sie hinter der Brücke nach rechts und auf der Straße am Altmühlufer entlang [16 km/4 Std.].

Verlassen Sie am Ortsende die Straße nach links auf die Schotterpiste. Sie führt in einer Linkskurve zu einem Rastplatz am Waldrand und es geht durch den Wald leicht bergauf. Oben halten Sie sich rechts und gelangen an den rekonstruierten ⌘ Limes-Wachtturm am **Pfahlbuck** [17,5 km/4 Std. 30 Min.].

Sie erreichen die Straße am westlichen Ortseingang von Kipfenberg. Um die Etappe in Kipfenberg zu beenden, folgen Sie der Straße nach rechts bis zur Ortsmitte. Die Markierungen des Altmühltal-Panoramawegs führen geradeaus auf den Pfad an der gegenüberliegenden Straßenseite weiter.

Kipfenberg   (5.700 Ew.)

ℹ   **Tourist-Info** im Rathaus, Marktplatz 2, 85110 Kipfenberg, ☎ 084 65/94 10 40, ✉ tourist-info@kipfenberg.de, 🖥 www.kipfenberg.de

△   **Azur Campingpark Altmühltal**, Campingstraße 1, 85110 Kipfenberg, ☎ 084 65/90 51 67, ✉ info@azur-camping.de, 🖥 www.azur-camping.de

🛏   **Hotel-Gasthof Engel**, Frankenring 4, 85110 Kipfenberg, ☎ 084 65/940 20, ✉ info@pensionengel.de, 🖥 www.pensionengel.de (ab € 34)

♦   **Hotel-Gasthof Alter Peter**, Marktplatz 16, 85110 Kipfenberg, ☎ 084 65/90 58 26, ✉ info@hotel-alter-peter.de, 🖥 www.hotel-alter-peter.de (ca. € 33)

♦   **Gasthof Zum Limes**, Marktplatz 8, 85110 Kipfenberg, ☎ 084 65/631, ✉ info@gasthof-limes.de, 🖥 www.gasthof-limes.de (ab € 28)

♟   **Burg Kipfenberg** aus dem späten 12. Jahrhundert mit romanischem Bergfried, spätgotischer Kapelle, Hexenturm (12./13. Jahrhundert) und gotischem Zwingerturm sowie der Vorburg, die heute Sitz des Römer und Bajuwaren Museums ist. Die Burg selbst befindet sich in Privatbesitz und kann nicht besichtigt werden.

♦   **Römer und Bajuwaren Museum** mit **Infopoint Limes**, Burg Kipfenberg, 85110 Kipfenberg, ☎ 084 65/90 57 07, ✉ bajuwarenmuseum@altmuehlnet.de, 🖥 www.bajuwaren-kipfenberg.de, 🕐 April bis Mai, Sept., Okt. tgl. 10:00 bis 16:00, Nov. bis März Sa/So 10:00 bis 16:00

⌘   **Fastnachts-Museum Fasenickl** im Torwärterhaus, Historische Kostüme des Fasenickl, einer Fastnachtsfigur aus dem Raum Kipfenberg, Kinding und Enkering.

◆   Nur nach telefonischer Vereinbarung, ☎ 084 21/90 57 16

Der Markt Kipfenberg entwickelte sich am Fuße der Burg und wurde erstmals im 13. Jahrhundert in einer Urkunde erwähnt. 1301 verkauften die Ritter den gesamten Besitz samt dem Markt an die Eichstätter Bischöfe und bis zur Säkularisation im Jahre 1803 verblieb die Burg im Besitz der Eichstätter Bischöfe.

In der historischen Vorburg ist das Römer und Bajuwaren Museum mit dem Infopoint Limes untergebracht. Es informiert über den Aufbau und das Ende des heutigen Welterbes Limes und die Besiedelung Bayerns durch die Bajuwaren am Ende der Völkerwanderungszeit.

Blick auf Burg Kipfenberg

8. Etappe: Von Kipfenberg nach Beilngries

↻ 25 km / ⧖ 6 Std. 30 Min. ↑ 650 m ↓ 675 m

Diese ausgedehnte Etappe beginnt auf der Talseite gegenüber der Kipfenberger Burg und führt durch ein Waldgebiet über die Anhöhe zwischen Anlauter- und Altmühltal nach Kinding. Ein natürliches Felsentor, der Badesee am Freizeitzentrum Kratzmühle und Schloss Hirschberg sind die weiteren Stationen auf dem Weg zum Etappenende in Beilngries.

🚶🚶   **Es geht los ...** Laufen Sie vom Zentrum aus über die Altmühl zurück und biegen Sie beim Ortsschild am nördlichen Ortsrand rechts in den Wald. Nehmen Sie den leicht nach links verlaufenden Pfad im Wald bergan (nicht fälschlicherweise die nach rechts abzweigende, breitere Piste). Anschließend geht es halbrechts über einen Trampelpfad zu einer breiteren Fahrspur, die quer zum Hang weiterführt und zunächst nur ganz leicht ansteigt. Nach der Kurve um die schroffe Felsformation steigt die Piste deutlich sichtbar an. Biegen Sie hier vorher nach rechts auf den Trampelpfad, der für gut 1 km am Abhang entlangführt und sich dann durch den Wald schlängelt [2,5 km/ 40 Min.].

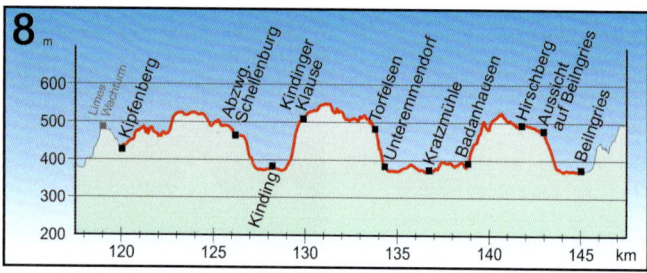

Biegen Sie nach links auf den asphaltierten Weg und folgen Sie nach 500 m bei der Rastbank dem großen Stein mit der Inschrift „Ilbling" nach rechts. Die Forstpiste gewinnt auf den nächsten Metern rasch an Höhe, wird dann flacher und mündet in eine Schotterstraße. Wenden Sie sich auf dieser nach links, ebenfalls nach links geht es an den beiden folgenden T-Kreuzungen weiter [4 km/1 Std.].

Nehmen Sie an der Kreuzung hinter der Kurve die zweite Möglichkeit von rechts. Der Weg verliert an Höhe. Halten Sie sich an der folgenden Gabelung links, anschließend verläuft die Piste, unterbrochen von kürzeren Waldabschnitten, durch Wildblumenwiesen, die von Insekten nur so sirren. Verlassen Sie unten die Schotterpiste dort, wo Sie eine Linkskurve macht und halten Sie auf den Handymast zu [6,5 km/1 Std. 40 Min.].

Enkering   (570 Ew.) ⮜

⮜   **Hotel-Gasthof Zum Bräu**, Rumburgstraße 1 a, 85125 Kinding OT Enkering,
    ☎ 084 67/85 00, ✑ info@hotel-zum-braeu.de, 🖥 www.hotel-zum-braeu.de
    (ab € 35)

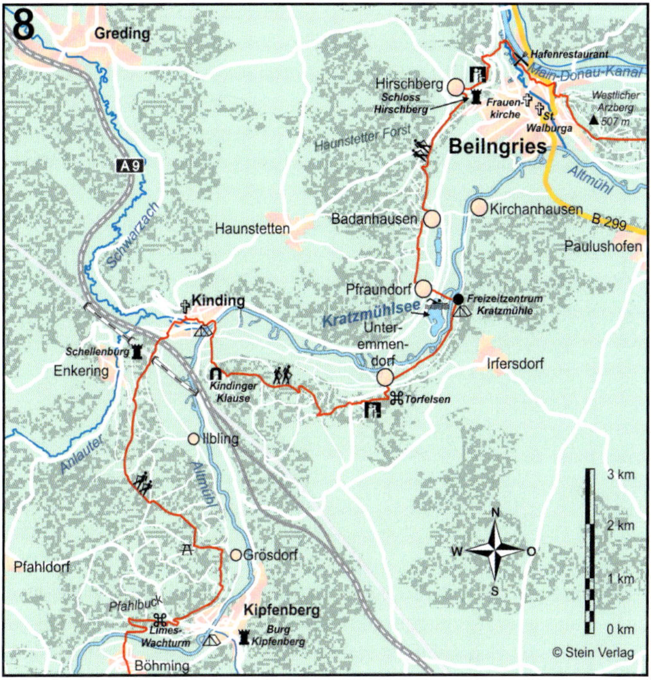

♟ **Schellenburg**, eine durch starke Mauern geschützte, vorgeschichtliche Befestigungsanlage auf einer Bergzunge, die zu drei Seiten hin steil abfällt und durch ihre exponierte Lage ein sehr warmes Mikroklima aufweist, in dem Tierarten leben können, die sonst im Mittelmeer- und Schwarzmeergebiet vorkommen.

🚶🚶 Laufen Sie nicht weiter geradeaus auf den Mobilfunkturm zu, sondern biegen Sie nach rechts auf die Fahrspur ab, die durch den Wald bergab führt und auf den letzten Metern zu einem geteerten Fahrweg wird. Sich auf der Straße am Ende nach links wendend, unterqueren Sie die Brücke der A 9. Im Kreisverkehr dahinter nehmen Sie die Straße, die links an der Tankstelle vorbeiführt [8 km/2 Std.].

Biegen Sie nach der Brücke über die **Schwarzach** rechts auf den *Mühlanger*. Laufen Sie über die Holzbrücke weiter in Richtung der **Wehrkirche** und biegen Sie davor auf die Straße nach rechts in die Ortsmitte von **Kinding** ab.

Kinding

(2.700 Ew.)

Marktverwaltung, Kipfenberger Straße 4, 85125 Kinding, ☎ 084 67/840 10, 🖥 www.kinding.de

Gasthof Zum Krebs, Marktplatz 1, 85125 Kinding, ☎ 084 67/339, ✉ gasthof.krebs@t-online.de, 🖥 www.gasthof-zum-krebs.de (ab € 29)

♦ **Gasthof Krone**, Marktplatz 14, 85125 Kinding, ☎ 084 67/80 10 30, ✉ info@krone-kinding.de, 🖥 www.krone-kinding.de (ab € 36)

♦ **Gästehaus Biedermann**, Kipfenberger Str. 10, 85125 Kinding, ☎ 084 67/282, ✉ info@gaestehaus-biedermann.de, 🖥 www.gaestehaus-biedermann.de (ab € 35)

⚠ Zeltmöglichkeit am Bootsrastplatz direkt vor der Altmühlbrücke

Die Gemeinde Kinding am Schnittpunkt der Täler von Anlauter, Schwarzach und Altmühl gehört zu den ältesten Siedlungen der Region. An den Berghang am Nordende des Dorfes duckt sich die sehr gut erhaltene ⌘ Kirchenburg. Im Zentrum liegt der innere Friedhof, der von einer Ringmauer mit drei Türmen geschützt wird. Südlich schließt sich der äußere Friedhof an, auf dem bei Angriffen sowohl das Vieh als auch anderes Hab und Gut sicher verwahrt wurde. Nach außen wurde die kompakte, spätmittelalterliche Wehranlage durch einen Wehrgang mit Schießscharten vor Angriffen geschützt.

🚶 Laufen Sie im Zentrum, wo die beiden hübschen Biergärten Kohorten von bunt gekleideten Radlern anziehen, geradeaus und biegen Sie hinter dem 🛏 Gästehaus Biedermann nach rechts auf die *Kipfenberger Straße*. Laufen Sie am Ortsende hinter der Kneipp-Anlage geradeaus über die breitere Straße und dann in einem Linksbogen an der Altmühl entlang. Gehen Sie hinter dem ⚠ Bootsrastplatz nach rechts über die Brücke und anschließend links vor der Baumreihe am Feldrand entlang bis zum Parkplatz [9,5 km/2 Std. 30 Min.].

Biegen Sie hinter dem Parkplatz nach links und gehen Sie weiter bis zum Waldrand. Halten Sie sich hier links und laufen Sie vor der kleinen Kapelle in den Wald, wo der nächste Anstieg beginnt.

⌘   Zur Linken versteckt sich etwas abseits des Weges im Buchenwald die **Kindinger Klause**, ein Felsüberhang, der den Jägern der Altsteinzeit als Schutz diente, wie der Fund eines zerschlagenen Mammutknochens beweist.

Wenden Sie sich oben auf der breiten Piste für etwa 1 km nach links und biegen Sie dann hinter der Rechtskurve bei einer Infotafel links ab [12 km/3 Std.].

Folgen Sie bei dem Hochsitz auf der Lichtung dem Pfad nach links, dann geht es nach rechts an der Hangkante weiter bis zu einer Schotterpiste, die Sie nach links leicht bergab führt. Biegen Sie dann 250 m weiter vor der T-Kreuzung mit einer weiteren Piste scharf links auf die Fahrspur ab. An der Kreuzung mit der Straße wählen Sie die breite Schotterpiste halblinks und halten sich an der folgenden Gabelung links [14 km/3 Std. 30 Min.].

Der Torfelsen bei Unteremmendorf

Verlassen Sie die Piste nach links auf den Trampelpfad, der an der Hangkante entlangführt. Hinter der Sitzbank am Aussichtspunkt geht es steil hinunter zu einem Rastplatz mit Infotafel an einer Wegkreuzung. Halten Sie sich dahinter scharf links und passieren Sie den natürlichen Felsbogen des ⌘ **Torfelsen**, der vermutlich einst den Burgzugang bildete. Anschließend geht es in steilen Serpentinen hinunter nach **Unteremmendorf** [15 km/3 Std. 45 Min.].

Unteremmendorf

🛏   **Landgasthof Wagner**, Unteremmendorf 5, 85125 Kinding OT Unteremmendorf, ☎ 084 67/279, ✍ gasthof.zimmermann@t-online.de, 🖥 www.landgasthof-wagner.de (ca. € 30)

🚶 Laufen Sie unten nach rechts durch den Ort und biegen Sie direkt hinter der Kirche nach rechts auf die breite Schotterstraße ab (Wegweiser: „Zufahrt Landeplatz/Drachenflieger"). Ohne Steigungen führt die Piste in der Talsohle durch die Felder und in der Ferne ist schon **Schloss Hirschberg** zu sehen. Biegen Sie am Ende des lang gestreckten △ Campingplatzes links ab, vorbei an Kiosk, Rezeption, ⌘ Technikmuseum und ✗ Wirtshaus Zur Kratzmühle [17 km/4 Std. 15 Min.].

Erholungszentrum Kratzmühle

△   **Campingplatz Kratzmühle**, 85125 Kinding-Pfraundorf, ☎ 084 61/641 70,
        ✉ info@kratzmuehle.de, 🖥 www.kratzmuehle.de

✗   **Wirtshaus Zur Kratzmühle**, Mühlweg 1, 85125 Kinding OT Kratzmühle,
        ☎ 084 61/60 25 00, 🕐 Dez. bis März Di bis Do 16:00 bis 22:30, April bis Okt.
        tgl. 11:00 bis 22:00

♦   **Seerestaurant-Café Kratzmühlsee**, Am See 1, 85125 Kinding, ☎ 084 61/71 91,
        🖥 www.seecafe-kratzmuehlsee.de

⌘ **Technikmuseum**, untergebracht in der historischen Mühle zeigt der Kulturhistorische Verein die technische Entwicklung in den Bereichen Landwirtschaft, Haushalt, Handwerk und Verkehr.

♦   Mühlweg 1, 85125 Kinding-Pfraundorf, ☎ 084 61/81 04,
        ✉ info@museen-anno-dazumal.de, 🖥 www.museen-anno-dazumal.de,
        🕐 April bis Okt. Mi/Sa 14:00 bis 18:00, So 10:00 bis 18:00

Mit einer Uferlinie von über 2 km lädt der **Kratzmühlsee** zum ∿ Schwimmen und Sonnenbaden ein. Für das leibliche Wohl sorgen das ✗ Seerestaurant Kratzmühlsee sowie das ✗ Wirtshaus Zur Kratzmühle mit guter fränkischer und bayerischer Küche.

🚶 Laufen Sie über die Brücke am Wehr und geradeaus weiter, vorbei am lebhaften ∿ Badestrand und dem ✗ Seerestaurant Kratzmühlsee. Überqueren Sie am Ende die Staatsstraße 2230 und folgen Sie der Dorfstraße nach **Pfraundorf**.

Biegen Sie hinter dem ✗ Gasthaus Heid rechts ab und laufen Sie in einem Bogen bergan. Beim Spielplatz geht es vor der weißen Mauer rechts zur Kirche hoch und daran vorbei. Halten Sie sich an der folgenden Straßen-kreuzung links und laufen Sie leicht bergauf [18 km/4 Std. 30 Min.].

Biegen Sie bei der Sitzbank hinter dem ✕ Gasthaus Hiemer rechts auf die Schotterpiste, die in etwa auf gleichbleibender Höhe weiter nach **Badan-hausen** führt. Laufen Sie in der Ortsmitte vor der Bushaltestelle schräg nach links über den Platz und beim ockerfarbenen Haus auf den *Beilngrieser Weg*. Biegen Sie kurz darauf vor dem weißen Haus nach links auf den *Hirschber-ger Weg*. Hinter dem letzten Haus des Dorfes wird er zu einer für Kraftfahr-zeuge gesperrten Piste und klettert mit passabler Steigung im Wald beständig bergan [21 km/5 Std. 15 Min.].

Nachdem Sie an der Wegkreuzung rechts abgebogen sind, wird der Weg flacher. Laufen Sie bei der kleinen Kapelle geradeaus weiter. Am Ende entlässt Sie der Weg auf eine Wiese neben der Straße und der Mobilfunkmast voraus markiert den weiteren Wegverlauf. Am Ortseingang erwartet Sie ein schönes Panorama über die Dächer von Beilngries und das Altmühltal. Nachdem Sie die Aussicht genossen haben, geht es geradeaus auf der Straße weiter bis zur Zufahrt zu **Schloss Hirschberg** und danach durch den malerischen Ortskern mit schönen Fachwerkhäusern [22 km/5 Std. 30 Min.].

Schloss Hirschberg, ehemaliges Jagdschloss der Eichstätter Fürstbischöfe

♜   **Schloss Hirschberg** wurde ab dem 11. Jahrhundert auf einem Bergsporn hoch über Beilngries für die Grafen von Hirschberg erbaut. Als Graf Gebhard VII. 1305 kinderlos verstarb, erbte der Bischof von Eichstätt die mächtige Anlage, die zu den größten Burgen in der Altmühlregion zählt.

Nach einem Blitzeinschlag in der ersten Hälfte des 17. Jahrhunderts brannte die Burg zum großen Teil aus. Im 18. Jahrhundert ließen die Bischöfe auf den Ruinen der einstigen Burg eine Schlossanlage mit drei Flügeln errichten. Sie diente den Herren als Sommerfrische, von wo aus man sich auf die Jagd begab und höfische Feste veranstaltete. Heute wird die Anlage als Tagungs- und Bildungshaus der Diözese Eichstätt für Konferenzen, Seminare und Fortbildungen genutzt.

♦   **Bistumshaus Schloss Hirschberg**, Hirschberg 70, 92339 Beilngries, ☎ 084 61/642 10. ▯ Der Schlosshof ist jederzeit frei zugänglich, die Innenräume können nur zu festgelegten Terminen besichtigt werden.

Laufen Sie beim ✗ Gasthof Zum Hirschen nach rechts durch den Biergarten und am Parkplatz hinter der Halle auf der Straße nach rechts.

🡆 ✗ **Gasthof Zum Hirschen**, Hirschberg 25, 92339 Beilngries OT Hirschberg, ☎ 084 61/520, ✉ zum.hirschen@t-online.de, 💻 www.zumhirschen-hirschberg.de (ca. € 33), ▯ Restaurant Mo 17:00 bis 24:00, Di bis Fr 7:00 bis 14:00 und 16:30 bis 24:00, Sa/So 7:00 bis 24:00

Nach dem Überqueren der größeren Straße lockt noch mal ein Aussichtspunkt mit einem Panorama der Superlative, das vom Main-Donau-Kanal über Beilngries bis zum Schloss Hirschberg reicht. Anschließend geht es auf einem Wanderpfad bergab [24,5 km/6 Std. 15 Min.].

Folgen Sie der Schotterpiste direkt neben dem Main-Donau-Kanal nach rechts vorbei an ✗ Hafenrestaurant und 🚢 Schiffsanleger. Halten Sie sich dann auf dem Parkplatz vor der Straßenbrücke über den Kanal rechts. Setzen Sie die Wanderung fort, vorbei am ✗ Gasthaus Alter Bahnhof auf der linken Straßenseite und dem 🡆 Hotel Gallus gegenüber. Ins Stadtzentrum gelangen Sie, wenn Sie anschließend geradeaus weiterlaufen. Der Altmühltal-Panoramaweg biegt beim Springbrunnen nach links ab.

Beilngries (8.800 Ew.)

Tourist-Information Beilngries, Hauptstraße 14, 92339 Beilngries, ☎ 084 61/84 35, 🖳 www.beilngries.de

Campingplatz an der Altmühl, An der Altmühl 24, 92339 Beilngries, ☎ 084 61/84 06, ✉ info@campingplatz-beilngries.de, 🖳 www.campingplatz-beilngries.de

Hotel Fuchsbräu, Hauptstraße 23, 92339 Beilngries, ☎ 084 61/65 20, ✉ info@fuchsbraeu.de, 🖳 www.fuchsbraeu.de (ab € 42)

♦ **Hotel garni Wagner**, Hauptstraße 45, 92339 Beilngries, ☎ 084 61/12 29, ✉ info@hotel-garni-wagner.de, 🖳 www.hotel-garni-wagner.de (ca. € 31)

♦ **Braugasthof-Hotel Schattenhofer**, Hauptstraße 44, 92339 Beilngries, ☎ 084 61/641 30, ✉ info@schattenhofer-beilngries.de, 🖳 www.schattenhofer-beilngries.de (ca. € 41)

♦ **Romantikhotel-Gasthof Der Millipp**, Hauptstraße 9, 92339 Beilngries, ☎ 084 61/12 03, ✉ info@der.millipp.de, 🖳 www.der.millipp.de (ab € 45)

♦ **Hotel-Gasthof Zur Krone**, Hauptstraße 20, 92339 Beilngries, ☎ 084 61/65 30, ✉ info@krone-beilngries.de, 🖳 www.krone-beilngries.de (ab € 35)

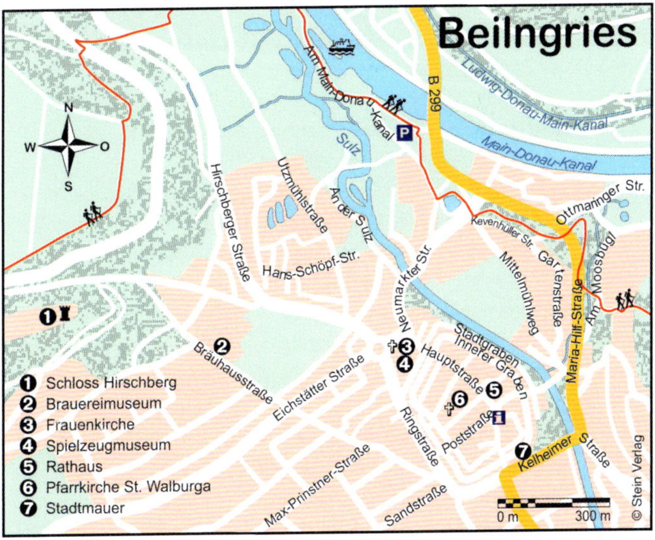

Beilngries

❶ Schloss Hirschberg
❷ Brauereimuseum
❸ Frauenkirche
❹ Spielzeugmuseum
❺ Rathaus
❻ Pfarrkirche St. Walburga
❼ Stadtmauer

© Stein Verlag

0 m   300 m

- **Hotel Gallus**, Neumarkter Straße 25, 92339 Beilngries, ☎ 084 61/247, info@hotel-gallus.de, 🖳 www.hotel-gallus.de (ab € 44)
- **Ringhotel Die Gams**, Hauptstraße 16, 92339 Beilngries, ☎ 084 61/61 00, info@hotel-gams.de, 🖳 www.hotel-gams.de

Das barocke Rathaus wurde von Gabriel de Gabrieli erbaut

⌘ **Spielzeugmuseum**, Sammlung historischer Spielsachen
- Hauptstraße 49, 92339 Beilngries, ☎ 084 61/81 04, info@museen-anno-dazumal.de, 🖳 www.museen-anno-dazumal.de, April bis Okt. Mo bis Fr 14:00 bis 16:00, Sa 14:00 bis 18:00, So 10:00 bis 18:00, Nov. bis März Mi 14:00 bis 16:00, Sa/So 13:00 bis 17:00

⌘ **Brauereimuseum im Abenteuerpark**, unterirdisches Felsenkellerlabyrinth, in dem das Bier vor der Erfindung des Kühlschranks gelagert wurde.
- Bräuhausstraße 36, 92339 Beilngries, ☎ 084 61/10 33

Altmühltaler Abenteuerpark, Naturerlebnis- und Waldhochseilgarten am Hang unterhalb von Schloss Hirschberg
- Bräuhausstraße 36, 92339 Beilngries, ☎ 084 61/60 29 90, info@altmuehltaler-abenteuerpark.de, 🖳 www.altmuehltaler-abenteuerpark.de

Charakteristisch für die Kleinstadt Beilngries sind die Türme als Überbleibsel der mittelalterlichen Stadtmauer. Sie wurden ab 1407 erbaut und von den einst zwölf Türmen sind noch neun erhalten. Den auffälligen Mittelpunkt bildet die Stadtpfarrkirche St. Walburga mit ihren zwei buntglasierten Turmhelmen. Gegenüber liegt das von Baumeister Gabriel de Gabrieli im Auftrag der Eichstätter Fürstbischöfe errichtete barocke Rathaus.

Die Frauenkirche im Rokoko-Stil etwas weiter nördlich gilt als der bedeutendste Kirchenbau von Beilngries. Nur wenige Schritte entfernt präsentiert das Beilngrieser Spielzeugmuseum im ehemaligen Franziskanerkloster eine Sammlung historischer Spielgeräte.

9. Etappe: Von Beilngries nach Dietfurt

⮂ 12 km/ ⧗ 3 Std. ↑ 430 m ↓ 380 m

Von Beilngries geht es hinauf auf den Arzberg und dann oberhalb der Altmühl bis nach Töging. Über den Wallfahrtsort Griesstetten erreicht man das Etappenziel Dietfurt, von wo an die Altmühl seit der Mitte des 19. Jahrhunderts als Teil des Ludwig-Donau-Main-Kanals ausgebaut ist.

🏃 **Es geht los ...** Laufen Sie an dem von der letzten Etappe bekannten Springbrunnen am Teich an der *Kevenhüller Straße* vor der Straßenbrücke nach rechts auf den geschotterten Rad- und Fußgängerweg. Halten Sie sich hinter der Straßenunterführung rechts und laufen Sie gegenüber vom Supermarkt rechts von dem schmalen Bächlein weiter. Nach ein paar Schritten auf dem Radweg führen die Markierungen nach links erst über die Straße *Am Galgenbrunnen* und dann auf einem Trampelpfad hinauf auf das **Arzbergplateau**. Dies ist ein 500 m hoher, 6 km langer und bis zu 2 km breiter Inselberg zwischen dem Main-Donau-Kanal im Norden und der Altmühl im Süden [1,5 km/25 Min.].

Oben an einer größeren Freifläche weist ein großes Holzschild auf den Waldlehrpfad hin. Laufen Sie hier geradeaus zwischen den beiden Infotafeln durch. Die Wanderung nimmt nun fast meditative Züge an, denn auf einer breiten Piste geht es immer geradeaus durch den Wald [4 km/1 Std.].

Ein Schild kündigt einen Aussichtspunkt an und nach ein paar Schritten nach links können Sie durch die Bäume ins Tal blicken. Verglichen mit den sonst üblichen Weitblicken ist das Panorama aber eher enttäuschend. Kurz darauf endet der Wald. Biegen Sie dann am weißen Gehöft des Pfennighofs nach rechts auf die Piste [6 km/1 Std. 30 Min.].

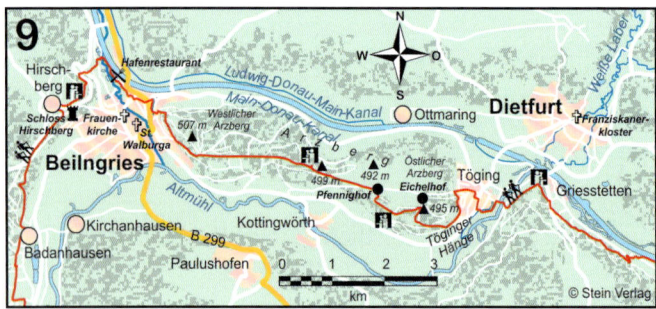

Sie erreichen einen ehemaligen Kalkbruch mit einem guten Ausblick über den steil abfallenden Felshang ins Altmühltal. Der Pfad begleitet den Hang für ein kurzes Stück und führt dann in den Wald [6,5 km/1 Std. 40 Min.].

Biegen Sie am Holzlagerplatz vor den Häusern scharf rechts auf den Schotterweg, der Sie in einem weiten Bogen über die **Töginger Hänge** auf die Kirche des gleichnamigen Ortes zuführt. Etwas dahinter ist auch schon das Etappenziel **Dietfurt** an der Mündung der Altmühl in den Main-Donau-Kanal zu sehen [8,5 km/2 Std. 10 Min.].

Wenden Sie sich auf der *Eichelhofer Straße* am Ende nach rechts in Richtung Ortsmitte. Biegen Sie vor der Brücke rechts ab in Richtung Kirche und dahinter auf dem *Kirchweg* nach links [9 km/2 Std. 15 Min.].

Töging

🛏 **Gasthaus zum Schlosswirt**, Beilngrieser Straße 14, 92345 Dietfurt OT Töging, ☎ 084 64/642 00, ✍ info@gasthaus-zum-schlosswirt.de, 🖥 www.gasthaus-zum-schlosswirt.de (ca. € 28)

◆   **Gasthof-Cafe Arzberg-Stüberl**, Johann-Hummel-Straße 15, 92345 Dietfurt OT
      Töging, ☎ 084 64/86 36, ✉ andyhoell@t-online.de,
      🖥 www.arzberg-stueberl.de (ca. € 22)

Schloss Töging wurde ursprünglich im 15. Jahrhundert als Vierflügelanlage
mit Bergfried errichtet. Heute ist nur noch der südöstliche Flügel mit der Tor-
durchfahrt in den einstigen Innenhof erhalten und wird als Geschäftsgebäude
und Veranstaltungsort genutzt.

🚶🚶   Wenden Sie sich
hinter der Kirche auf der
Beilngrieser Straße nach
rechts, biegen Sie vor
der Freiwilligen Feuer-
wehr nach links auf die
Anger Straße ab und
wenige Schritte später
dann am Sportplatz
nach rechts auf den

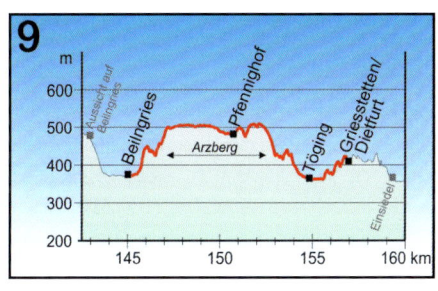

Schotterweg. Laufen Sie hinter dem Parkplatz/Bootsausstieg über die Holzbrücke und am gegenüberliegenden Ufer in einer kurzen Rechtskurve zum
Waldrand [11,5 km/2 Std. 45 Min.].

An der Wegkreuzung geht es in einer Spitzkehre über die Treppenstufen
bergan. Oben öffnet sich der Blick auf **Dietfurt** und mehrere Hochspannungs-
leitungen kreuzen den Weg.

Am Ende überqueren Sie eine Wiese und biegen nach links in die Straße
ein, um die Etappe in **Griesstetten** (ca. 500 m) oder im Ortszentrum von
Dietfurt (ca. 2,5 km) zu beenden. Der Altmühltal-Panoramaweg führt weiter
geradeaus.

Griesstetten

🛏   **Gasthof/Pension Meier Zu den 3 Heiligen**, Griesstetten 11 ½, 92345 Dietfurt
      OT Griesstetten, ☎ 084 64/771, ✉ info@gasthof-meier.de,
      🖥 www.gasthof-meier.de (ca. € 25)

Dietfurt   (6.000 Ew.) 🛈 🛏 🚋 🚌

- 🛈   **Tourist-Information Dietfurt**, Hauptstraße 26, 92345 Dietfurt,
  ☎ 084 64/64 00 19, 🖳 www.dietfurt.de
- 🛏   **Hotel/Gasthof Zum Bräu-Toni**, Hauptstraße 4, 92345 Dietfurt,
  ☎ 084 64/60 51 00, ✆ mail@gasthofschneeberger.de,
  🖳 www.zum-braeu-toni.de (ca. € 28)
- ♦   **Gasthof Zur Post**, Hauptstraße 25, 92345 Dietfurt, ☎ 084 64/321,
  ✆ info@zur-post-dietfurt.de, 🖳 www.zur-post-dietfurt.de (ca. € 27)
- ♦   **Historischer Gasthof Stirzer**, Hauptstraße 45, 92345 Dietfurt, ☎ 084 64/86 58,
  ✆ gasthofstirzer@t-online.de, 🖳 www.stirzer.de (ab € 29)

⌘   **Altmühltaler Mühlenmuseum**, die 1467 erstmals erwähnte Rengnath-
mühle war bis 1980 in Betrieb. Die Technik stammt unverändert aus dem
Jahr 1906 und der Antrieb erfolgt mithilfe von 53 Lederriemen ausschließlich durch die Wasserkraft der Weißen Laber.
- ♦   Hauptstraße 51, 92345 Dietfurt, ☎ 084 64/209, ✆ muehlenmuseum@web.de,
  🖳 www.altmuehltalermuehle.de, 🕐 tgl. 8:00 bis 20:00

⌘   **Museum im Hollerhaus**, Ausstellung in restauriertem typischem Jura-
Bauernhaus zur Entwicklung von der Natur- zur Kulturlandschaft während
der letzten 4.000 Jahre, außerdem umfassende Gesteins-, Mineralien- und
Fossiliensammlung.
- ♦   Pfarrgasse 6, ☎ 92345 Dietfurt, ☎ 084 64/91 45

✟   **Franziskanerkloster** mit Meditationshaus, bekannt vor allem durch die
Ölbergandachten in der Fastenzeit.
- ♦   Klostergasse 8, 92345 Dietfurt, ☎ 084 64/65 20, ✆ dietfurt@franziskaner.de,
  🖳 www.meditationshaus-dietfurt.de

Dietfurt, die 7-Täler-Stadt, liegt an einer Stelle, an der sich das Altmühltal breit öffnet und die Täler von Weißer Laber und Wissinger Laber, das
Mühlbacher Tal, das Untere und Obere Altmühltal sowie das Ottmaringer
und Böhmerbrunnen Tal sternenförmig zusammentreffen.

Von den einst zehn Wehrtürmen der mittelalterlichen Stadtmauer haben
sechs die Wirren der Zeit bis heute überstanden. Die wichtigsten Dietfurter

Sehenswürdigkeiten lassen sich gut bei einem Stadtbummel entdecken. Besonders ins Auge fällt der „Chinesenbrunnen" von 1962 vor dem Rathaus. Der Spitzname Bayrisch China entwickelte sich, nachdem der Bischof von Eichstätt einst seinen Kämmerer nach Dietfurt schickte, um die fälligen Steuern und Abgaben einzutreiben. Da sich die Dietfurter hinter der Stadtmauer verschanzten, musste der Kämmerer mit leerem Portemonnaie nach Eichstätt zurückkehren und berichtete: „Die Dietfurter verschanzen sich hinter der Stadtmauer wie die Chinesen!"

Der Chinesenbrunnen

Am letzten Donnerstag der Faschingszeit, dem „Unsinnigen Donnerstag", feiert man in Dietfurt folgerichtig den Chinesenfasching, der schon um 2 Uhr morgens beginnt, wenn die „Maschkaras" mit viel Lärm die gesamte Stadtbevölkerung wecken.

10. Etappe: Von Dietfurt nach Riedenburg

⮑ 25 km/ ⏳ 6 Std. 30 Min. ⬆ 745 m ⬇ 815 m

Die vorletzte Etappe des Altmühl-Panoramawegs ist ein beständiges Auf und Ab zwischen den flachen Abschnitten entlang des Main-Donau-Kanals und den herrlichen Ausblicken am Rosskopf, von Schloss Eggersberg und am Teufelsfelsen, bevor es schließlich hinab nach Riedenburg geht.

🚶 **Es geht los ...** Laufen Sie vom Stadtzentrum in **Dietfurt** über die Altmühl zurück und biegen Sie etwa 500 m hinter der Brücke in direkter Verlängerung der vorangegangenen Etappe schräg nach links ab. Folgen Sie der Fahrspur, die unterhalb der Straße verläuft. Wandern Sie dann auf dem breiten Pfad immer auf derselben Höhe am Waldrand entlang [2 km/30 Min.].

Bei **Einsiedel** weist das Schild „Achtung Wanderer! Neue Streckenführung wegen Gefahrenstellen" auf eine Verlegung des Altmühltal-Panoramawegs hin und der rot-gelbe Pfeil führt hinunter zur Straße, an dieser nach rechts und dann immer am Ufer des Main-Donau-Kanals entlang. In der Ferne thront schon **Schloss Eggersberg** hoch über dem rechten Ufer der breiten Talsohle [5 km/1 Std. 15 Min.].

Der neue Weg folgt direkt dem Ufer des Main-Donau-Kanals

Der Main-Donau-Kanal

Bereits im 8. Jahrhundert versuchte Karl der Große die Altmühl mit der schwäbischen Rezat zu verbinden. Weil die technischen Hürden für diese Zeit aber zu hoch lagen, wurde der Karlsgraben nie fertiggestellt. Erst König Ludwig I. von Bayern griff die Idee wieder auf und lies von 1836 bis 1845 den Ludwig-Donau-Main-Kanal errichten.

1960 erfolgte dann in Bamberg der erste Spatenstich für den heutigen Main-Donau-Kanal. In den 1970er und 1980er Jahren entbrannte ein heftiger Streit um die negativen Auswirkungen des Kanalbaus auf die Umwelt. Insbesondere der Ausbau der Altmühl auf einer Strecke von 34 km Länge war ein Streitthema.

1992 war es aber dann soweit und mit der Inbetriebnahme des letzten Teilstücks zwischen Hilpoltstein und Berching wurde die 171 km lange Wasserstraße eröffnet. Sie verbindet den Main bei Bamberg mit der Donau bei Kelheim und überwindet den Höhenunterschied von insgesamt 243 m mit Hilfe von 16 Schleusen.

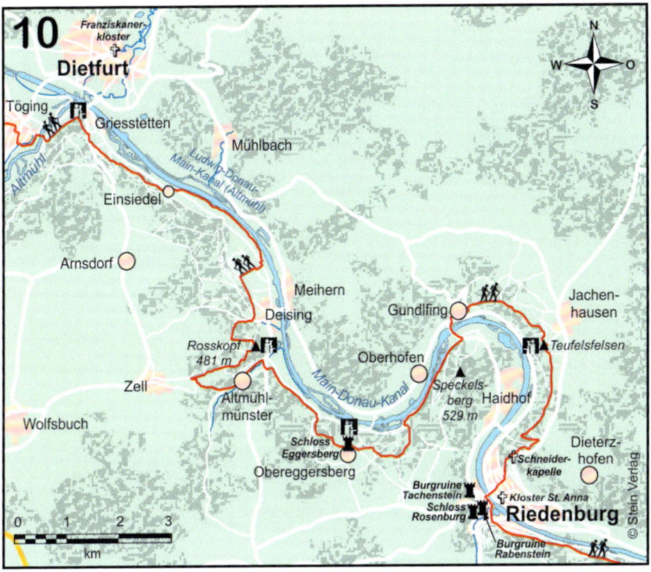

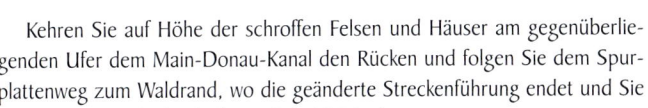

Kehren Sie auf Höhe der schroffen Felsen und Häuser am gegenüberliegenden Ufer dem Main-Donau-Kanal den Rücken und folgen Sie dem Spurplattenweg zum Waldrand, wo die geänderte Streckenführung endet und Sie nach links weiterlaufen [6 km/1 Std. 30 Min.].

Auf der Straße am Ortseingang von **Deising** geht es für 100 m nach rechts weiter und dann gleich nach links auf den Waldweg, der bald darauf als Hohlweg im Nadelwald ordentlich zu klettern beginnt [7 km/1 Std. 55 Min.].

Nehmen Sie bei der Gabelung an der Wiese den linken Abzweig, der weiter durch den Nadelwald bergan führt, nun allerdings nur noch mit geringer

Steigung. Laufen Sie dann an der folgenden Lichtung schräg auf den Pfad bei der Sitzbank [8 km/2 Std. 15 Min.].

Verlassen Sie den Aussichtpunkt am **Rosskopf** (481 m) nach rechts und folgen Sie der Schotterfahrspur über das Hochplateau. An der Kreuzung bei der Sitzgruppe vor der Ortschaft **Zell** geht es im rechten Winkel nach rechts und erst am Waldrand, dann im Wald bergab [10 km/2 Std. 45 Min.].

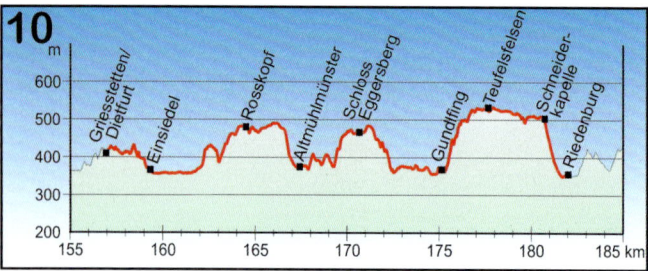

Biegen Sie unten nach rechts auf die Teerstraße und laufen Sie durch den lang gestreckten Ort **Altmühlmünster** vorbei an der Kirche in Richtung Main-Donau-Kanal [11 km/3 Std.].

Biegen Sie am Ortsende vor dem letzten Haus mit der Ferienwohnung nach rechts, überqueren Sie am Ende die breitere Straße und folgen Sie dem Weg parallel zum Main-Donau-Kanal geradeaus durch den Wald [12,5 km/ 3 Std. 15 Min.].

Nach dem Überqueren der Straße geht es geradeaus auf dem Waldweg weiter. Er verläuft zunächst noch ein kurzes Stück parallel zur Straße und führt dann in einer scharfen Rechtskurve durch den Wald bergan. Halten Sie sich oben an der T-Kreuzung rechts und laufen Sie an einem Holzlagerplatz vorbei nach **Obereggersberg** [14 km/3 Std. 45 Min.].

An der Kreuzung vor dem Schloss biegt der Altmühltal-Panoramaweg nach rechts ab. Verlassen Sie nach gut 300 m die Schotterpiste nach links und laufen Sie zunächst am Waldrand weiter. Schließlich ist eine Schotterpiste im Wald erreicht, auf der es nach links bergab geht [14,5 km/3 Std. 50 Min.].

Schloss Eggersberg

Hoch über der Alt-
mühl liegt malerisch
das von einem großzü-
gigen Park umgebene
Schloss Eggersberg im
Stil der Spätrenaissan-
ce. Der dreigeschossi-
ge Bau wird an drei
Ecken von Türmen mit
schönen Kuppeldä-
chern begrenzt und
die Hauptfassade
imponiert mit einem
mächtigen Treppengie-

Schloss Eggersberg

bel. Von der einstigen Burg ist dagegen nur noch eine Ruine erhalten, die vor
allem durch den Ausblick von dem Felsenvorsprung ins Tal begeistert. Neben
Hotel und Restaurant hat der Schlossbesitzer das **Hofmarkmuseum** eingerichtet, das in 13 Abteilungen die Geschichte des Hauses erzählt.

♜ **Hofmark-Museum Schloss Eggersberg**, 🕐 tgl. 12:00 bis 18:00

🛏 **Hotel Schloss Eggersberg**, Obereggersberg 18, 93339 Riedenburg OT Obereggersberg, ☎ 094 42/918 70, ✉ info@schloss-eggersberg.de,
🖥 www.schloss-eggersberg.de (ab € 45)

An der Lichtung weist ein Schild nach rechts den direkten Weg nach **Riedenburg** (2,5 km), der Altmühltal-Panoramaweg aber führt weiter geradeaus,
durch eine Bachschlucht bergab bis zu einer Wiese. Biegen Sie vor dem
Tümpel nach rechts zur Schotterpiste ab und folgen Sie dieser nach rechts
nun für eine ganze Weile am Kanalufer entlang [18 km/4 Std. 45 Min.].

Wechseln Sie auf der Brücke ans gegenüberliegende Ufer und laufen Sie
hinter der Straßenunterführung auf der Hauptstraße nach rechts zur Ortsmitte
von **Gundlfing**. Wenden Sie sich hinter der mächtigen Linde links bergauf und

ein paar Schritte weiter vor dem Haus dann rechts. Biegen Sie hinter dem letzten Haus nach links auf den schmalen Schotterpfad. Er führt vorbei an der grau-weißen Fassade des ehemaligen Panorama-Hotels mit seinen dunkelbraunen Holzbalkons. Folgen Sie dann dem Wegweiser „Teufelsfelsen/Drachenflieger" nach rechts und biegen Sie nach ein paar Schritten links auf den Pfad, der im Wald ordentlich bergan führt [19 km/5 Std.].

Wenden Sie sich oben auf dem Forstweg nach rechts, ebenso an der kurz darauf folgenden Gabelung, und laufen Sie dann mal im Wald, mal am Waldrand weiter. Am Ende gehen Sie vor dem Sägewerk in einem weiten Bogen nach rechts bis zur Hangkante [20,5 km/5 Std. 25 Min.].

An der Drachenstartrampe am **Teufelsfelsen** bietet sich ein einzigartiger Ausblick über einen weiten Bogen des Main-Donau-Kanals, der zurück nach **Gundlfing** ebenso reicht wie voraus nach **Riedenburg**. Anschließend geht es geradeaus an der Rampe vorbei und am Feldrand weiter. Halten Sie sich dann

Am Teufelsfelsen, rechts die Drachenstartrampe

hinter der Sitzbankgruppe rechts und laufen Sie auf dem Weg im Wald und am Feldrand weiter [23,5 km/6 Std. 10 Min.].

Biegen Sie vor der liebevoll restaurierten kleinen **Schneiderkapelle** auf den nach unten führenden Waldpfad [24 km/6 Std. 15 Min.].

Laufen Sie am oberen Stadtrand von **Riedenburg** bei der Straße vor dem roten Holzhaus im skandinavischen Stil nach rechts und auf dem *Jachenhauser Weg* bergab. Überqueren Sie unten erst den Zebrastreifen, dann die St.-Anna-Brücke und halten Sie sich dahinter links ins Zentrum von **Riedenburg**.

Riedenburg   (5.600 Ew.)

i **Tourist-Information**, Marktplatz 1, 93339 Riedenburg, ☎ 094 42/90 50 00,
    ✉ touristik@riedenburg.de, 🖳 www.riedenburg.de

⛺ **Campingplatz Talblick**, Austraße 40, 93339 Riedenburg, ☎ 094 42/430,
    ✉ campingplatz-talblick@web.de, 🖳 www.campingplatz-talblick.net

⇌ **Gästehaus garni Käufl**, Gartenstraße 25, 93339 Riedenburg, ☎ 094 42/14 02,
    ✉ kontakt@pension-riedenburg.de, 🖳 www.pension-riedenburg.de (ca. € 26)

♦ **Gästehaus Ferstl**, Hans-Wolf-Gasse 6, 93339 Riedenburg, ☎ 01 60/806 43 81,
    ✉ fewo@ferien-ferstl.de, 🖳 www.ferien-ferstl.de (ca. € 25)

Anzeige

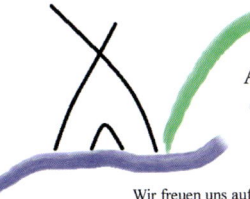

Gästehaus Schels, Bergstraße 13, 93339 Riedenburg, ☎ 094 42/28 74, ✉ schels.ferienhaus@t-online.de, 🖥 www.ferienhaus-schels.de (ca. € 21)

♦ **Hotel Zur Post**, Am Marktplatz 3, 93339 Riedenburg, ☎ 094 42/90 52 53, ✉ info@zurpostgasthof.de, 🖥 www.zurpostgasthof.de (ab € 38)

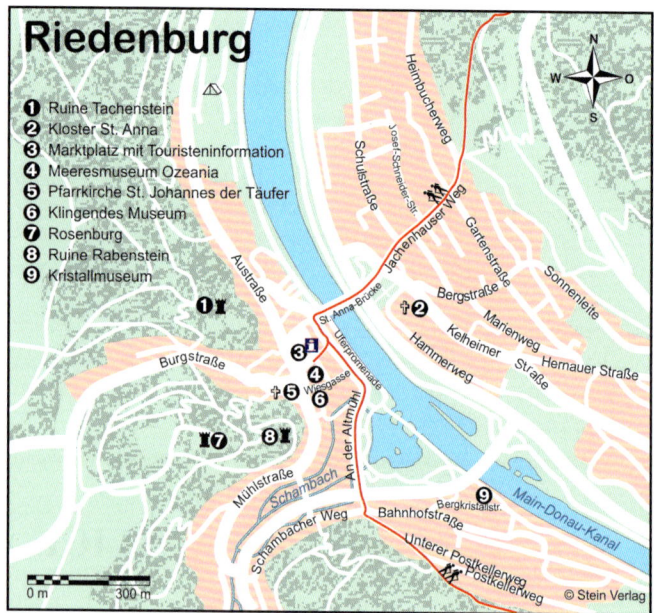

Riedenburg

1. Ruine Tachenstein
2. Kloster St. Anna
3. Marktplatz mit Touristeninformation
4. Meeresmuseum Ozeania
5. Pfarrkirche St. Johannes der Täufer
6. Klingendes Museum
7. Rosenburg
8. Ruine Rabenstein
9. Kristallmuseum

© Stein Verlag

♜ **Jagdfalkenhof Rosenburg**, Greifvogel-Flugschauen und Burgmuseum zur Geschichte der Falknerei

♦ Rosenburg, 93339 Riedenburg, ☎ 094 42/27 52, ✉ falkenhof@gmx.de, 🖥 www.falkenhof-rosenburg.de

⌘ **Klingendes Museum**, Sammlung von Audiogeräten von der Spielwalze bis zum Digitalradio

♦ Mühlstraße 3, 93339 Riedenburg, ☎ 094 42/90 66 97, 🕐 Mo bis Fr 9:00 bis 12:00, Mo sowie Mi bis Fr zusätzlich 14:00 bis 18:00, So 14:00 bis 17:00

⌘   **Meeresmuseum Ozeania**, 3.500 Fossilien des einstigen Jurameeres
mit Schnecken, Muscheln, Korallen und Krebsen in Stein

◆   Bruckstraße 4, 93339 Riedenburg, ☎ 094 46/561,

        ✍ hildegard.adamczyk@t-online.de, 🖥 www.meeresmuseum-ozeania.de,

        🗓 April bis Okt. tgl. außer Mi 13:00 bis 18:00

⌘   **Kristallmuseum**, umfangreiche Sammlung von Kristallen und Edelsteinen

◆   Bergkristallstraße 1, 93339 Riedenburg, ☎ 094 42/900 30,

        ✍ info@kristallmuseum-riedenburg.de, 🖥 www.kristallmuseum-riedenburg.de,

        🗓 März bis Okt. tgl. 9:00 bis 18:00

   Burg Rabenstein, Rosenburg und die Burgruine Tachenstein - gleich drei
stolze Burgen bzw. deren Überreste thronen hoch über dem staatlich aner-
kannten Luftkurort Riedenburg, der 1329 durch Kaiser Ludwig den Bayern
die Stadtrechte bekam. Mit dem Bau des Ludwig-Main-Donau-Kanals in der
ersten Hälfte des 19. Jahrhunderts wurde Riedenburg zur Schleusenstation
und heute ist die Stadt ein beliebter Anfahrtspunkt der Urlaubsschiffe.

Blick auf Riedenburg

11. Etappe: Von Riedenburg nach Kelheim

⮰ 24 km/ ⏳ 6 Std. ⬆ 685 m ⬇ 695 m

Auf den letzten Kilometern spart der Altmühltal-Panoramaweg nicht an Höhepunkten. Dazu gehören die einmalig schöne Klamm inmitten des Naturwaldreservats zum Etappenauftakt, Schloss Prunn als Ritterburg wie aus dem Bilderbuch und die lange, geschwungene Holzbrücke bei Essing. Zu guter Letzt warten Kloster Weltenburg und der beeindruckende Donaudurchbruch, bevor die gelb-roten Markierungen am Ludwigsplatz mitten in der Altstadt von Kelheim ihr Ende finden.

🚶🚶   **Es geht los ...** Verlassen Sie den Marktplatz auf der Uferstraße. Laufen Sie hinter dem schönen Biergarten am Gasthaus Fuchsgarten geradeaus über die Kreuzung und dann vor (!) dem Wegweiser „Kristallmuseum/Faßlwirtschaft" auf dem *Postkellerweg* nach links bergan. Halten Sie sich dann vor der Ferienwohnung Ferstl rechts und nehmen Sie kurz darauf die nach rechts abzweigende Schotterpiste, wenden Sie sich aber sofort nach links und klettern Sie im Wald bergan. Folgen Sie an der nächsten Gabelung nicht dem breiten Weg, sondern laufen Sie schräg nach links auf dem schmalen Pfad oberhalb der Häuser weiter. Der Blick zurück über die Schulter bietet noch einmal eine schöne Aussicht über das malerische **Riedenburg**. Der Weg führt quer zum

Steilhang durch ein wildromantisches Naturwaldreservat. Zwischen den Buchenstämmen ragen von Moos überwucherte Kalkfelssäulen empor [5 km/ 1 Std. 15 Min.].

Das Schild „Schwieriger Steig - Nur für geübte Wanderer" kündigt die spektakuläre Klamm an, ganz so arg kommt es dann aber nicht. Der folgende Abschnitt führt in engen Serpentinen über einige Felstreppen bergab, ist daher nicht gerade Stöckelschuh-kompatibel und natürlich ist gerade bei Nässe eine extra Portion Vorsicht geboten. Am Ende geht es aber wieder auf einem normalen Waldweg weiter und schließlich nach links auf der Straße hinunter in die kleine Ortschaft **Einthal**, über die sich am gegenüberliegenden Ufer stolz **Burg Prunn** erhebt [5,5 km/1 Std. 30 Min.].

Die Klamm im Naturwaldreservat vor Prunn

Eine Rechtskurve bringt Sie durch den Ort. Laufen Sie am Ortsende über die Brücke und am gegenüberliegenden Ufer dann nach links in Richtung **Burg Prunn**. Beginnen Sie den Steilanstieg auf den Treppenstufen vor dem Sanitärhandel in **Nußhausen**. Falls Sie in **Prunn** übernachten möchten, laufen Sie hier einfach weiter geradeaus [6,5 km/2 Std.].

Prunn

🛏 **Hotel-Gasthof Zur Krone**, Prunner Hauptstr. 13, 93339 Riedenburg OT Prunn, ☎ 094 42/15 07, ✉ gasthof-krone-prunn@t-online.de, 🖥 www.hotel-zur-krone-prunn.de (ab € 37)

🚶 Sie erreichen die **Burg Prunn**. Direkt nebenan lädt die Burgschenke bei herrlicher Aussicht auf Schloss und Altmühltal mit gutbürgerlicher Küche, hausgemachten Kuchen oder deftigen Brotzeiten zur Einkehr ein.

✕   **Burgschenke**, ☎ 094 42/17 65, 🗓 Mitte März bis Ende Okt. Di bis So 9:00
       bis 19:00

Burg Prunn

Burg Prunn ist eine der besterhaltenen Burgen in Bayern und thront auf einem 70 m hohen Felsen über der Altmühl. Sie wurde erstmals 1037 in einer Urkunde erwähnt und hatte ihre Blütezeit in der Spätgotik - aus dieser Zeit stammt auch der Fund einer Handschrift des Nibelungenliedes. Burg Prunn

Wie aus dem Mittelalterbilderbuch: Burg Prunn

wurde vor einigen Jahren für fast 3 Millionen Euro saniert und erstrahlt seit 2010 in neuem Glanz.

🏰   **Burg Prunn**, 🖥 www.burg-prunn.de, Besichtigung der Burg ist nur im
Rahmen einer Führung (Dauer ca. 45 Min.) möglich: Mitte März bis Okt.
täglich zu jeder vollen Stunde von 9:00 bis 17:00, Nov. bis Mitte März um
10:00, 11:00, 12:00, 13.30, 14.30 und 15.30

Steigen Sie am ersten Parkplatz hinter der Burg auf den Treppenstufen weiter bergan und halten Sie sich am zweiten, größeren Parkplatz schräg links. Folgen Sie am Ortsausgangsschild der Straße in einer Rechtskurve bis zu einer T-Kreuzung. Nehmen Sie hier die Schotterpiste nach rechts, die mit leichtem Anstieg durch den Wald führt. Laufen Sie an der folgenden Kreuzung geradeaus, knapp 1 km weiter dann nach rechts und in einem Bogen leicht bergab. Biegen Sie an der nächsten T-Kreuzung nach rechts in Richtung **Essing** ab und laufen Sie an der T-Kreuzung der beiden Schotterpisten 100 m weiter geradeaus auf den schmalen, unbefestigten Waldpfad [9 km/2 Std. 45 Min.].

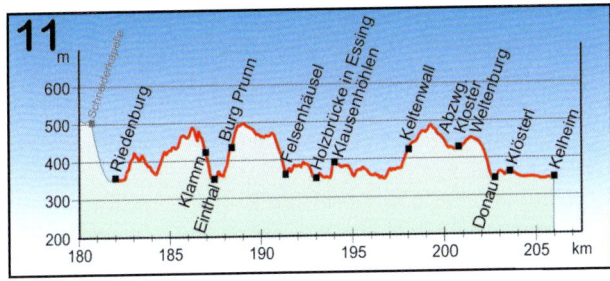

Biegen Sie unten nach links auf die Teerstraße und halten Sie sich auch an der Kreuzung gleich darauf links. Sie passieren die Frühstückspension Felsenhäusel mit einem liebevoll eingerichteten Museum mit Exponaten aus der letzten Eiszeit, die vor Ort beim Ausbauen des Kellers gefunden wurden.

⌘   **Urgeschichtliches Felsenhäusl-Museum Essing**, Felsenhäusl 1, 93343 Essing, ☎ 094 47/565

Pillhausen

⚠ ⇔ **Landgasthof Kastlhof**, Pillhausen 1, 93339 Riedenburg OT Pillhausen, ☎ 094 47/698, ✉ info@kastlhof.de, 🖵 www.kastlhof.de (ab € 25)

🚶🚶   Biegen Sie nach ein paar Schritten auf der Straße nach rechts auf den Trampelpfad, der Sie zur Rückseite der Pension und von dort parallel zur Straße nach **Essing** führt. Vorbei am **Blautopf**, einer Karstquelle, geht es oberhalb der Häuser weiter und schließlich auf die Straße in Essing [10,5 km/ 3 Std.].

Essing

⇔   **Gästhaus Regenbogen**, Eisenbrünnerl 7, 93343 Essing, ☎ 094 47/991 11 05, ✉ info@essing-gaestehaus-regenbogen.de, 🖵 www.essing-gaestehaus-regenbogen.de (ab € 24)

◆   **Hotel-Restaurant Essinger Hof**, Weihermühle 4, 93343 Essing, ☎ 094 47/99 10 50, ✉ info@essinger-hof.de, 🖵 www.essinger-hof.de (ab € 35)

- 🛏 **Flair Hotel & Brauereigasthof Schneider**, Altmühlgasse 10, 93343 Essing, ☎ 094 47/918 00, ✉ info@brauerei-schneider.de, 💻 www.brauereigasthof-schneider.de (ca. € 44)
- ◆ **Gasthof Felsenwastlwirt**, Unterer Markt 19, 93343 Essing, ☎ 094 47/362, ✉ gasthof-felsenwastlwirt@gmx.de, 💻 www.gasthof-felsenwastlwirt.de (ca. € 32)
- ◆ **Pension Holzapfel**, Marktplatz 5, 93343 Essing, ☎ 094 47/386, ✉ burgaholzapfel@t-online.de, 💻 www.pensionholzapfel.de (ca. € 27)

Tropfsteinhöhle Schulerloch

Zwischen Essing und Kelheim liegt am nördlichen Ufer des Main-Donau-Kanals mit der Tropfsteinhöhle Schulerloch eine der eindrucksvollsten Höhlen im Altmühltal. Sie entstand wahrscheinlich durch Ausspülungen der Urdonau, die hier den Dolomitfelsen aushöhlte und diente einst den Neandertalern als Wohnstätte. Eine Besichtigung ist nur im Rahmen einer Führung möglich, die etwa 30 Min. dauert.

✋   Jacke nicht vergessen, denn die Temperatur in den Höhlen beträgt selbst im Hochsommer nur etwa 9° C.

⌘   **Tropfsteinhöhle Schulerloch**, Oberau 1, 93343 Essing, ☎ 094 41/32 77, ✉ kontakt@schulerloch.de, 💻 www.schulerloch.de, 📄 im Sommer tgl. 10:00 bis 17:00

🥾   Biegen Sie an der Kreuzung im Ort nach rechts ab und wandern Sie dann über die geschwungene Brücke, die zu den längsten Holzbrücken Europas zählt, über den Main-Donau-Kanal. Folgen Sie am gegenüberliegenden Ufer dem Schotterweg direkt am Kanalufer nach links und bald weicht der Schotter einer geschlossenen Asphaltdecke. Laufen Sie dann auf Höhe von **Burg Randeck** bei der Sitzbank mit einer Hörstation des Archäologieparks Altmühltal nach rechts bergan und 100 m weiter auf den Waldpfad nach links.

Halbrechts im Buchenwald verstecken sich die **Klausenhöhlen** und erst beim genaueren Hinsehen erkennt man eine Vielzahl eng beieinanderliegender Felsnischen in unterschiedlichen Höhenlagen.

Archäologiepark Altmühltal

Der Archäologiepark Altmühltal bietet auf einer Strecke von knapp 40 km zwischen Dietfurt und Kelheim die Möglichkeit zu einer spannenden Zeitreise in die Vergangenheit. Er zeigt an 18 Stationen, wie die Neandertaler und Kelten gelebt haben. Zusätzlich zu den jederzeit frei zugänglichen Stationen lässt ein umfangreiches Jahresprogramm die Geschichte lebendig werden.

Die Nachbauten und Rekonstruktionen beruhen auf den archäologischen Ausgrabungen im Zuge des Main-Donau-Kanal-Baus von 1976 bis 1991.

Der Archäologiepark lässt sich am besten mit dem Rad oder zu Fuß erkunden, viele Stationen sind aber auch mit dem Auto oder per Bus zu erreichen.

Die Fußgängerbrücke über den Main-Donau-Kanal in Essing zählt zu den längsten Holzbrücken Europas

Die rot-gelben Markierungen führen am Waldrand weiter zu einem Gehöft. Nachdem Sie unter der Straßenbrücke hindurchgelaufen sind, überqueren Sie die kreuzende Straße und laufen geradeaus auf der Forstpiste weiter, die Sie nun für eine ganze Zeit parallel zum Main-Donau-Kanal nach Osten bringt [15 km/4 Std.].

Auf dem Keltenwall geht es durch den Wald zum Donaudurchbruch

Biegen Sie am Fuß des Kletterfelsens beim Wegweiser „Wellenberg/Keltenwall" rechts ab. Der Pfad führt bald auf eine breite Piste, der Sie für etwa 100 m nach rechts folgen, um dann nach links auf den Waldpfad abzubiegen. Noch einmal 100 m weiter wenden Sie sich nach rechts und erklimmen die Treppenstufenserpentinen. Oben erreichen Sie den Verteidigungswall, mit dem sich die Kelten vor über 2.000 Jahren gegen ihre Feinde geschützt

haben. Folgen Sie dem Wall nun, unterbrochen von einigen kreuzenden Straßen und Pisten, für knapp 3 km nach Süden durch den Buchenwald [18 km/ 4 Std. 30 Min.].

Schließlich erreichen Sie eine Wegkreuzung, an der Sie

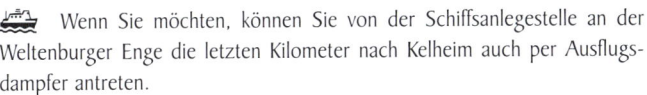

sich entscheiden müssen, wie Sie die Tour auf dem Altmühltal-Panoramaweg beenden möchten. Für einen Abstecher zum **Kloster Weltenburg** wenden Sie sich nach rechts bergab und können sich unten mit der „Zille", einem traditionellen Donaukahn mit flachem Boden, übersetzen lassen.

Wenn Sie möchten, können Sie von der Schiffsanlegestelle an der Weltenburger Enge die letzten Kilometer nach Kelheim auch per Ausflugsdampfer antreten.

Um auf dem Altmühltal-Panoramaweg nach **Kelheim** zu laufen, halten Sie sich an der oben genannten Kreuzung links. Um eine der spektakulärsten Aussichten der gesamten Tour nicht zu verpassen, sollten Sie an der Kreuzung aber zunächst geradeaus laufen. Dort liegen Ihnen nach wenigen Schritten das Kloster und die **Weltenburger Enge** mit dem Donaudurchbruch zu Füßen, wo sich vor rund 200.000 Jahren ein Nebenarm der Urdonau durch das Kalkgestein gefressen und so das heutige Flussbett der Donau geschaffen hat.

Kloster Weltenburg

Der erste Klosterbau auf der Halbinsel am Donaudurchbruch erfolgte wohl um 600 n. Chr. Nach dunklen Jahrhunderten, die von Plünderungen und Überschwemmungen geprägt waren, erlebte das Kloster im 18. Jahrhundert einen wirtschaftlichen Aufschwung.

Nachdem Prior Maurus Bächl 1713 zum neuen Abt gewählt wurde, ließ er die alten Gebäude abreißen und von 1716 bis 1739 die heutige barocke Klosteranlage mit der eindrucksvollen Klosterkirche bauen. Die über 1.400-jährige Klostergeschichte erzählt das 2005 errichtete Besucherzentrum, in dem sich ein Nebenraum auch der Flora und Fauna des Donaudurchbruches widmet.

Kloster Weltenburg

Berühmt ist Kloster Weltenburg vor allem für seine Klosterbrauerei, die um 1050 erstmals erwähnt wurde, und so findet man mitten in der barocken Klosteranlage einen der schönsten Biergärten Bayerns.

Scharenweise fallen die Touristen mit den Ausflugsdampfern aus Kelheim im Kloster Weltenburg ein und genießen unter mächtigen Kastanienbäumen das berühmte Weltenburger Klosterbier und heimische Spezialitäten. Auf die derben Holztische kommen zum Beispiel Weltenburger Stierl, eine gesottene Mastochsenbrust mit feiner Meerrettichrahmsauce, oder Saueres Lüngerl mit Semmelknödel, angeblich die alte Leibspeise der Zillenkapitäne, die die traditionellen Flachbodenkähne über die Donau schippern.

Der Altmühltal-Panoramaweg folgt nun einer breiten Piste durch den Mischwald bergab. Halten Sie sich an der großen 4-er Kreuzung sowie an der folgenden Gabelung jeweils rechts [20 km/5 Std.].

Der Abstieg endet an einer Obstbaumwiese und von nun an laufen Sie immer am Donauufer entlang nach Kelheim. Hinter dem weit überragenden Hohlfelsen beginnt die Asphaltdecke und voraus thront die **Befreiungshalle** als weithin sichtbares Wahrzeichen von Kelheim auf dem Michelsberg. Den Rundbau ließ König Ludwig I. von Bayern als Erinnerung an die Befreiungskriege gegen Napoleon durch den Münchener Baumeister Leo von Klenze in 21 Jahren von 1842 bis 1863 errichten. Trotz der großen Entfernungen lassen sich die riesigen Abmessungen des Bauwerks erahnen. Schon das Eingangstor misst stolze 7 m. Die Rotunde ist 45 m hoch, zählt man die großzügige Treppe hinzu sogar 60 m. Der Innenraum ist mit vielfarbigem Marmor verkleidet und im Boden ein Marmormosaik eingelassen [21 km/5 Std. 20 Min.].

✕ **Einsiedelei Klösterl**, Klösterlweg 1, 93309 Kelheim, ☎ 094 41/174 51 51,
🚪 Herbst bis Frühjahr Sa 10:30 bis 20:00, So 10:30 bis 18:00, ab Pfingsten zusätzlich Fr 14:00 bis 20:00

Aus einer großen Felsgrotte errichtete hier Mitte des 15. Jahrhunderts Antonius von Siegenburg seine Einsiedelei und eine kleine Kapelle zu Ehren des heiligen Nikolaus. Das Dach der Kirche wird von dem weit überhängenden Stein der Felsen gebildet. Heute lädt hier eine Wirtschaft mit Biergarten zu einer letzten Rast vor dem Endspurt nach **Kelheim** ein.

In **Kelheim** begrüßt Sie das ✕ Gasthaus Schwan. Spazieren Sie hier unter Aufsicht der lindgrünen Kirche auf dem Deich weiter bis zur 🚢 Schiffsanlegestelle [23 km/5 Std. 50 Min.].

Wenden Sie sich vor dem in die Jahre gekommenen Postgebäude nach links. Durch das Stadttor gelangen Sie zur Touristen-Information im Zentrum der Kelheimer Altstadt, wo die Markierungen des Altmühltal-Panoramawegs enden.

Kelheim   (16.000 Ew.)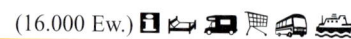

- 🛈 **Tourist-Info**, Ludwigsplatz 1, 93309 Kelheim, ☎ 094 41/70 12 34, ✉ tourismus@kelheim.de, 🖥 www.kelheim.de
- 🚉 Nächster Bahnhof in Saal an der Donau (ca. 4 km)
- 🛏 **Gasthof Weißes Lamm**, Ludwigstraße 12, 93309 Kelheim, ☎ 094 41/200 90, ✉ info@weisses-lamm-kelheim.de, 🖥 www.weisses-lamm-kelheim.de (ab € 35)
- ◆ **Gasthof-Hotel Brauerei Aukofer**, Alleestraße 27, 93309 Kelheim, ☎ 094 41/20 20, ✉ info@hotel-brauerei-aukofer.de, 🖥 www.hotel-brauerei-aukofer.de (ab € 34)

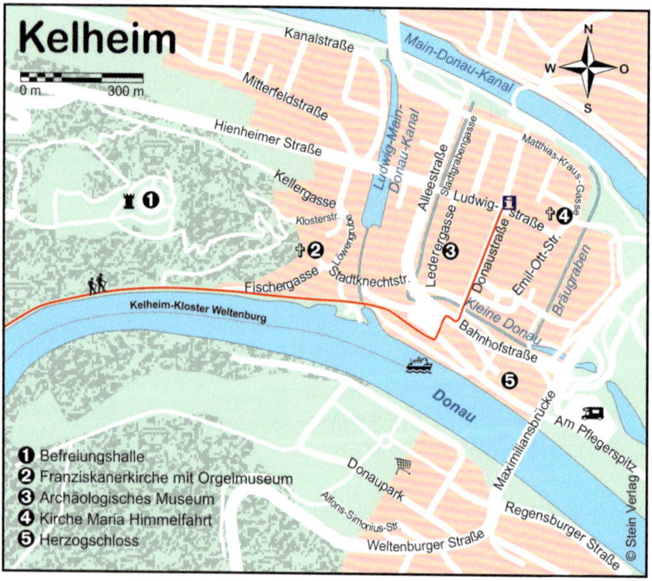

![Stadtplan Kelheim]

Kelheim

0 m — 300 m

❶ Befreiungshalle
❷ Franziskanerkirche mit Orgelmuseum
❸ Archäologisches Museum
❹ Kirche Maria Himmelfahrt
❺ Herzogschloss

© Stein Verlag

- ♦ **Turmhotel Zum Erasmus**, Matthias-Kraus-Gasse 35-37, 93309 Kelheim,
  ☎ 094 41/174 73 70, ✉ info@turmhotel-erasmus.de,
  💻 www.turmhotel-erasmus.de (ca. € 45)
- ♦ **Altstadthotel Wittelsbacher Hof**, Donaustraße 22-26, 93309 Kelheim,
  ☎ 094 41/17 70 50, ✉ info@carat-hotel-kelheim.de,
  💻 www.wittelsbacherhof-kelheim.de (ab € 69)

⌘ **Archäologisches Museum der Stadt Kelheim**, im Innenhof 13 m Originalreste der Keltenmauer und zahlreiche Funde aus dem Kelheimer Raum seit der Besiedlung durch die Neandertaler.

- ♦ Lederergasse 11, 93309 Kelheim, ☎ 094 41/104 09,
  ✉ museum.kelheim@t-online.de, 💻 www.archaeologisches-museum-kelheim.de,
  🕐 Ende März bis Anfang Nov. Di bis So 10:00 bis 17:00

⌘ **Orgelmuseum** in der ehemaligen Franziskanerkirche aus dem 15. Jahrhundert, vier historische Denkmalorgeln und Ausstellungen zur technischen Entwicklung sowie zur musikalischen und historischen Bedeutung der Orgel als Kirchenmusikinstrument.

- ♦ Am Kirchensteig 4, 93309 Kelheim, ☎ 094 41/55 08,
  ✉ info@orgelmuseum-kelheim.de, 💻 www.orgelmuseum-kelheim.de,
  🕐 April bis Okt. Di bis So 14:00 bis 17:00

Kelheim kann eine sehr lange Besiedlungsgeschichte vorweisen, denn ab dem 3. Jahrhundert v. Chr. errichteten die Kelten unweit auf dem Michelsberg ihre Siedlung Alkimoennis. Im Mittelalter florierte die Stadt und wurde zur

In der Altstadt von Kelheim

Residenzstadt der bayerischen Herzöge. Ihr heutiges Stadtbild mit den vier Stadtvierteln und dem zentralen Ludwigsplatz erhielt sie unter Herzog Ludwig I. von Bayern (1183-1231). Nachdem Ludwig bei einem Besuch seiner Residenzstadt 1231 von einem unbekannten Täter erdolcht wurde, verlagerte sein Sohn Herzog Otto die Residenz nach Landshut.

Eine neue Blütezeit brach für die heutige Kreisstadt Kelheim mit dem Bau des in der Mitte des 19. Jahrhunderts fertiggestellten Ludwig-Main-Donau-Kanals an, die mit dem 1992 eröffneten Main-Donau-Kanal fortgesetzt wurde. Heute spielt der Schiffstourismus im Unteren Altmühltal und Donaudurchbruch eine wichtige Rolle im Wirtschaftsleben der Stadt und so bildet Kelheim mit seinen gemütlichen Brauereien, Gaststätten und Cafés den gebührenden Abschluss der über 200 Wanderkilometer auf dem Altmühltal-Panoramaweg.

Buchtipps aus dem Conrad Stein Verlag

Donausteig

Ingrid Retterath
OutdoorHandbuch Band 277
Der Weg ist das Ziel
250 Seiten ▸ 96 farbige Abbildungen
13 farbige Kartenskizzen ▸ 20 farbige Höhenprofile und
3 farbige Übersichtskarten

ISBN 978-3-86686-286-9

>> **Passauer Neue Presse**: *„Durch viele Abbildungen, Kartenskizzen und Fotos ist mit diesem Ratgeber jeder bestens auf die Wanderung vorbereitet."*

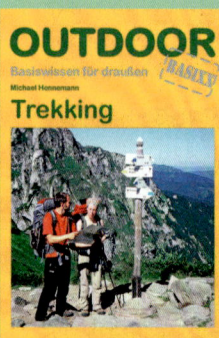

Trekking

Michael Hennemann
OutdoorHandbuch Band 7
Basiswissen für draußen
96 Seiten ▸ 25 farbige Abbildungen
4 farbige Illustrationen

ISBN 978-3-86686-354-5

Der Nachfolgeband des Klassikers „Wildniswandern" - ein hilfreicher Ratgeber für alle, die gerne mit Rucksack und Zelt in der Natur unterwegs sind.

Wetter

Michael Hodgson & Meno Schrader
OutdoorHandbuch Band 13
Basiswissen für draußen
91 Seiten ▸ 32 farbige Abbildungen
21 farbige Illustrationen

ISBN 978-3-86686-013-1

>> **Nordis**: *„... jeder kann lernen, wie man mit und ohne Instrumente zu einem echten Wetterfrosch wird. Ein handliches Büchlein für unterwegs."*

Index

Die Pfarrkirche von Dollnstein

Index